AUDIÊNCIAS E CONSULTAS PÚBLICAS
A DEMOCRACIA MATERIAL NA FUNÇÃO ADMINISTRATIVA

RAFAEL LINS BERTAZZO

Prefácio
Marco Aurélio de Lima Choy
Apresentação
José Alberto Simonetti

AUDIÊNCIAS E CONSULTAS PÚBLICAS
A DEMOCRACIA MATERIAL NA FUNÇÃO ADMINISTRATIVA

Belo Horizonte

2024

© 2024 Editora Fórum Ltda.

É proibida a reprodução total ou parcial desta obra, por qualquer meio eletrônico, inclusive por processos xerográficos, sem autorização expressa do Editor.

Conselho Editorial

Adilson Abreu Dallari
Alécia Paolucci Nogueira Bicalho
Alexandre Coutinho Pagliarini
André Ramos Tavares
Carlos Ayres Britto
Carlos Mário da Silva Velloso
Cármen Lúcia Antunes Rocha
Cesar Augusto Guimarães Pereira
Clovis Beznos
Cristiana Fortini
Dinorá Adelaide Musetti Grotti
Diogo de Figueiredo Moreira Neto (*in memoriam*)
Egon Bockmann Moreira
Emerson Gabardo
Fabrício Motta
Fernando Rossi
Flávio Henrique Unes Pereira
Floriano de Azevedo Marques Neto
Gustavo Justino de Oliveira
Inês Virgínia Prado Soares
Jorge Ulisses Jacoby Fernandes
Juarez Freitas
Luciano Ferraz
Lúcio Delfino
Marcia Carla Pereira Ribeiro
Márcio Cammarosano
Marcos Ehrhardt Jr.
Maria Sylvia Zanella Di Pietro
Ney José de Freitas
Oswaldo Othon de Pontes Saraiva Filho
Paulo Modesto
Romeu Felipe Bacellar Filho
Sérgio Guerra
Walber de Moura Agra

FÓRUM
CONHECIMENTO JURÍDICO

Luís Cláudio Rodrigues Ferreira
Presidente e Editor

Coordenação editorial: Leonardo Eustáquio Siqueira Araújo / Aline Sobreira de Oliveira
Revisão: Pauliane Coelho
Capa, projeto gráfico e diagramação: Walter Santos

Rua Paulo Ribeiro Bastos, 211 – Jardim Atlântico – CEP 31710-430
Belo Horizonte – Minas Gerais – Tel.: (31) 99412.0131
www.editoraforum.com.br – editoraforum@editoraforum.com.br

Técnica. Empenho. Zelo. Esses foram alguns dos cuidados aplicados na edição desta obra. No entanto, podem ocorrer erros de impressão, digitação ou mesmo restar alguma dúvida conceitual. Caso se constate algo assim, solicitamos a gentileza de nos comunicar através do *e-mail* editorial@editoraforum.com.br para que possamos esclarecer, no que couber. A sua contribuição é muito importante para mantermos a excelência editorial. A Editora Fórum agradece a sua contribuição.

Dados Internacionais de Catalogação na Publicação (CIP) de acordo com ISBD

B536a   Bertazzo, Rafael Lins

Audiências e consultas públicas: a democracia material na função administrativa / Rafael Lins Bertazzo. Belo Horizonte: Fórum, 2024.

139 p. 14,5x21,5cm
ISBN impresso 978-65-5518-769-4
ISBN digital 978-65-5518-771-7

1. Direito administrativo. 2. Democracia. 3. Audiências e consultas públicas. 4. Administração Pública. I. Título.

CDD: 342
CDU: 342

Ficha catalográfica elaborada por Lissandra Ruas Lima – CRB/6 – 2851

Informação bibliográfica deste livro, conforme a NBR 6023:2018 da Associação Brasileira de Normas Técnicas (ABNT):

BERTAZZO, Rafael Lins. *Audiências e consultas públicas*: a democracia material na função administrativa. Belo Horizonte: Fórum, 2024. 139 p. ISBN 978-65-5518-769-4.

À Suzana, minha esposa, companheira, incentivadora e alicerce fundamental da minha vida.

À Família Lins Bertazzo, por me auxiliarem a poder ser uma pessoa melhor desde o início da minha existência.

Aos(às) meus(minhas) alunos(as) e ex-alunos(as), por permitirem que eu esteja em constante aprendizado e evolução intelectual, de forma a trazer precisamente o conhecimento jurídico à nova geração de operadores do Direito.

"Existem dificuldades intrínsecas à própria forma de regime democrático. A democracia é certamente a mais perfeita das formas de governo, ou pelo menos a mais perfeita entre as que os homens foram capazes de imaginar e, pelo menos em parte, de realizar; mas justamente porque é a mais perfeita é também a mais difícil. Seu mecanismo é o mais complicado; mas, justamente por ser o mais complicado, é também o mais frágil. Esta é a razão pela qual a democracia é o regime mais desejável, mas também o mais difícil de fazer funcionar e o mais fácil de arruinar: ela se propõe a tarefa de conciliar duas coisas contrastantes, que são a liberdade e o poder."

(Norberto Bobbio)

SUMÁRIO

PREFÁCIO
Marco Aurélio de Lima Choy..11

APRESENTAÇÃO
José Alberto Simonetti 15

INTRODUÇÃO...17

CAPÍTULO 1
ADMINISTRAÇÃO PÚBLICA CONSENSUAL..23

1.1   A democratização da função administrativa: o déficit
        democrático...23

1.1.1 Democracia formal: concepção positivista.......................................23

1.1.2 Democracia material ou substantiva: concepção pós-positivista.......31

1.1.3 O Déficit Democrático na função administrativa: conceituação 37

1.2   Reflexões acerca do princípio da supremacia do interesse
        público sobre o interesse particular...43

1.2.1 A "desconstrução"..43

1.2.2 A "reconstrução" 47

1.2.3 Convergência entre as correntes doutrinárias: a necessidade de
        ponderação 51

1.2.4 O dever de ponderação na Lei n. 13.655/2018....................................54

1.3   O processo administrativo e a administração pública consensual....57

CAPÍTULO 2
AUDIÊNCIAS E CONSULTAS PÚBLICAS
NA ADMINISTRAÇÃO PÚBLICA 63

2.1   Audiências e consultas públicas: participação *uti socius*
        ou *uti cives*...63

2.1.1 Conceitos e distinção 66

2.1.1.1 Consultas Públicas: conceito e alcance 68

2.1.1.2 Audiência pública: conceito e alcance..71

2.1.1.3 Distinções procedimentais 73

2.2 Finalidade da participação popular na formação do ato administrativo 74

2.2.1 Prisma jurídico: condição de validade do procedimento e decisão administrativa 75

2.2.2 Prisma instrutório 76

2.2.3 Prisma sociológico 78

2.3 Convocação das audiências e consultas públicas 80

2.3.1 Ato discricionário ou ato vinculado? 82

2.4 Procedimento 87

2.4.1 Procedimento da consulta pública 87

2.4.1.1 Procedimento da Lei n. 9.784/1999 89

2.4.1.2 Procedimento da LINDB 92

2.4.2 Procedimento da audiência pública 93

2.4.2.1 (In)Aplicabilidade do princípio do contraditório 95

2.4.2.2 Restrição de participação em audiências públicas 99

2.4.2.3 Prolongamento e fracionamento das audiências públicas 103

CAPÍTULO 3
FASE DECISÓRIA DAS AUDIÊNCIAS
E CONSULTAS PÚBLICAS 109

3.1 Direito subjetivo em ver os argumentos deduzidos considerados na decisão administrativa 109

3.2 O dever de decidir nas consultas públicas: o agrupamento de respostas para decisão única da administração pública 115

3.3 Ausência de vinculação da administração pública 118

CONCLUSÃO 125

REFERÊNCIAS 131

PREFÁCIO

Em um ambiente atual, em que muito se discute democracia, em especial a questão da representatividade, onde a voz do povo muitas vezes se desalinha com as decisões políticas e administrativas, surge uma obra de profunda importância e relevância. *Audiências e Consultas Públicas: a democracia material na função administrativa* é um farol que ilumina o caminho para uma democracia mais vibrante e participativa e que ressoa como um direcionamento de atuação estatal para o atendimento das demandas da sociedade.

Inegavelmente, a dinâmica das audiências públicas permite transparência e participação cidadã, proporcionando um fórum aberto para os cidadãos expressarem suas opiniões, preocupações e sugestões sobre questões que afetam suas vidas e comunidades. Isso promove a transparência no processo de tomada de decisões governamentais e permite que os cidadãos se envolvam ativamente na formulação de políticas.

No campo da legitimidade democrática, as audiências públicas ajudam a legitimar as decisões governamentais, fornecendo uma plataforma para o debate público e garantindo que as vozes de todos os interessados sejam ouvidas. Isso ajuda a garantir que as políticas implementadas reflitam as necessidades e preocupações da população.

As audiências públicas, sobre os mais diversos temas de interesse da administração pública e sociedade representada, fornecem uma oportunidade para educar o público sobre questões complexas e proporcionam informações relevantes para ajudar os cidadãos a entenderem melhor os desafios enfrentados pelo governo e as possíveis soluções.

Num ambiente de crise da democracia representativa, onde se observa um descolamento entre as demandas existentes entre representantes e representados, os gestores públicos se mostram desafiados na busca do aprimoramento de suas decisões. Ao reunir uma variedade de perspectivas e conhecimentos, as audiências públicas, em tese, podem levar a decisões mais bem informadas e abrangentes.

O debate e a troca de ideias durante essas audiências, potencialmente, podem ajudar os formuladores de políticas a considerar diferentes pontos de vista e encontrar soluções mais eficazes, mas isso seria o suficiente para o gestor público?

O cerne da obra está, justamente, na questão da responsabilização governamental: até que ponto as audiências públicas criariam um espaço onde os governantes são responsáveis perante o público? Ao exporem suas políticas e decisões ao escrutínio público, os líderes governamentais estariam incentivados a prestar contas e a justificar suas ações?

É inegável que as audiências públicas são uma ferramenta fundamental para fortalecer a democracia, promover a participação cívica e garantir que as políticas governamentais reflitam os interesses e as necessidades da população, estariam os gestores públicos dispostos a incentivar a realização de tais audiências? Ou, ainda, estariam obrigados, em razão de um dever democrático, a cumprir as diretrizes ali estabelecidas?

Neste livro, somos convidados a explorar a essência da democracia material, onde o poder não reside apenas na teoria, mas sim nas experiências e na voz daqueles que são afetados pelas decisões políticas e administrativas. Com uma análise perspicaz e uma abordagem ponderada, o autor nos conduz por um exame detalhado das audiências e consultas públicas, destacando seu papel crucial na garantia de uma governança transparente e responsável, bem como os desafios que o gestor público precisa enfrentar.

Longe de serem meros procedimentos burocráticos, as audiências e consultas públicas representam a essência da democracia participativa, onde cada cidadão é convidado a contribuir com sua perspectiva única e valiosa. Este livro nos lembra de que a democracia não é um conceito estático, mas sim um processo dinâmico e em constante evolução, moldado pela interação contínua entre governantes e governados, mas até que ponto o gestor público se encontra adstrito a tais decisões?

À medida que mergulhamos nas páginas deste trabalho, somos desafiados a questionar nossas próprias concepções de democracia e participação cívica. Em um momento em que a confiança nas instituições políticas está em declínio, este livro oferece uma visão inspiradora de como lidar com a questão da discricionariedade da Administração Pública.

A não vinculação da administração pública aos resultados de audiências públicas é um tema complexo que envolve diferentes perspectivas e considerações, que são enfrentados na obra. É importante entender o propósito das audiências públicas: elas são mecanismos

PREFÁCIO | 13

essenciais para promover a transparência, a participação cidadã e a prestação de contas por parte do governo.

A obra enfrenta o argumento de que a não vinculação dos resultados dessas audiências pode ser vista como uma questão de equilíbrio entre a participação democrática e a eficiência administrativa; mas também reconhece que a administração pública precisa considerar uma série de outros fatores, como viabilidade técnica, legalidade, impacto econômico e social, ao tomar decisões.

O autor estimula importantes reflexões para o gestor público, considerando as dificuldades muitas vezes de se vincular diretamente os resultados das audiências públicas às decisões finais do governo, especialmente em casos em que há conflitos de interesses ou restrições legais.

Provocações sobre o alcance democrático das audiências públicas reconhecem que estas nem sempre representam toda a diversidade de opiniões e interesses da sociedade. O momento quando apenas um segmento da população participa dessas audiências e o fato de as opiniões expressas poderem não refletir necessariamente a vontade da maioria ou considerar adequadamente as necessidades de grupos marginalizados são reflexões enfrentadas na obra.

Como prefaciador, é com grande entusiasmo que recomendo esta obra a todos os interessados em fortalecer os alicerces da democracia e da boa governança. Que *Audiências e Consultas Públicas: a democracia material na função administrativa* sirva como um guia valioso para todos os que aspiram a um futuro no qual a voz do povo seja verdadeiramente ouvida e respeitada e que ocorra sua compatibilização com a eficácia governamental.

Marco Aurélio de Lima Choy[1]

---

[1] Doutor em Direito pela Universidade de Fortaleza. Procurador do Município de Manaus. Advogado. Conselheiro Federal da Ordem dos Advogados do Brasil. Professor Universitário da Universidade do Estado do Amazonas.

APRESENTAÇÃO

É com grande satisfação que apresento a obra *Audiências e Consultas Públicas: a democracia material na função administrativa*, de autoria do Procurador do Estado do Amazonas e advogado Rafael Lins Bertazzo. Fruto de sua pesquisa de mestrado, a obra mostra-se indispensável para o debate público atual sobre democracia e participação popular em procedimentos administrativos, sobretudo diante das recentes tentativas de ruptura democrática.

O livro reflete a experiência de um jurista que, apesar de jovem, já ocupou cargos na administração pública das esferas estadual e municipal. O texto, portanto, não apenas demonstra os reais obstáculos para a realização plena da democracia no âmbito da Administração Pública, mas também traz propostas que democratizam a relação entre os cidadãos e as entidades públicas, por meio de diálogo aberto e acolhedor.

Inicialmente, o autor trata da evolução conceitual de Administração Pública, fundada na supremacia do interesse público sobre o interesse particular, que não raro se utiliza do conceito de interesse público de forma imperativa e apriorística. Em seguida, discorre sobre as concepções de desconstrução e reconstrução desse princípio, com base na mais gabaritada doutrina administrativa de José dos Santos Carvalho Filho, Maria Sylvia Zanella Di Pietro, Odete Medauar, Diego de Figueiredo Moreira Neto, Humberto Ávila, entre outros.

Rafael Lins Bertazzo defende que, para se alcançar o viés democrático do princípio da supremacia do interesse público, é necessário considerar os postulados da ponderação de valores e da motivação das decisões administrativas. Trata-se da aplicação do Direito Fundamental à Boa Administração Pública. Essa concepção, difundida no Brasil por Juarez Freitas, possibilita participação dos cidadãos na função administrativa por meio das audiências e consultas públicas.

Adiante, o autor aborda a parte procedimental das audiências públicas, desde a convocação até a realização das sessões ou coletas de sugestões escritas nas consultas públicas. Ele desenha todo o iter com base na lei de processo administrativo federal e demais diplomas correlatos.

Vale dizer que as audiências e consultas públicas têm alcance ampliado no atual contexto tecnológico de ampliação dos canais digitais. Contudo, ainda há parcela relevante da população brasileira excluída digitalmente. Dessa forma, a efetiva participação popular requer a efetivação da igualdade material, sem a qual é impossível atingir a democracia material, caracterizada pela influência direta e plural dos cidadãos na tomada de decisões.

Ao final, o autor reforça a tese de que autoridades públicas devem levar em consideração os argumentos produzidos nas consultas ou audiências públicas em seus processos decisórios, de modo a materializar a democracia na Administração Pública. Há uma clara intenção de evitar que tais instrumentos fiquem relegados a uma mera fase ou etapa procedimental burocrática.

Desejo a todos e todas uma excelente leitura!

José Alberto Simonetti[2]

---

[2] Advogado e Presidente do Conselho Federal da Ordem dos Advogados do Brasil (CFOAB).

INTRODUÇÃO

A palavra "democracia" costumeiramente remete o leigo à ideia de escolha dos representantes políticos mediante o voto ou às discussões e deliberações pelos representantes eleitos para ocupar o Parlamento, assim como indica a autonomia do indivíduo para determinar o projeto de vida com liberdade e sem interferência do Estado, desde que esteja em conformidade com os Direitos Fundamentais assim reconhecidos ou constituídos[1] pela Constituição.

No campo da Ciência Jurídica e da Filosofia do Direito, o termo "democracia" não tem conceituação unânime, havendo defensores da democracia enquanto forma de governo e democracia enquanto valor que antecede à constituição do Estado.

Em relação à democracia como forma de governo, Norberto Bobbio, ao proferir a conferência "Qual Democracia?", defende que esta é a mais perfeita das formas de governo criadas pelo ser humano, apesar de, na visão do nobre filósofo italiano, também ser a mais instável, já que busca o consenso entre conceitos antagônicos: liberdade e poder.[2]

---

[1] A oração "direitos fundamentais reconhecidos ou constituídos" pela Constituição diz respeito às duas concepções tradicionais de se estudar e definir a validade das normas jurídicas, o jusnaturalismo e o positivismo jurídico (notadamente o normativismo kelseniano).

[2] BOBBIO, Norberto. *Qual Democracia?* São Paulo: Loyola, 2014. p. 35. Segundo o Mestre de Turim: "Existem dificuldades intrínsecas à própria forma de regime democrático. A democracia é certamente a mais perfeita das formas de governo, ou pelo menos a mais perfeita entre as que os homens foram capazes de imaginar e, pelo menos em parte, de realizar; mas justamente porque é a mais perfeita é também a mais difícil. Seu mecanismo é o mais complicado; mas, justamente por ser o mais complicado é também o mais frágil. Esta é a razão pela qual a democracia é o regime mais desejável, mas também o mais difícil de fazer funcionar e o mais fácil de arruinar: ela se propõe a tarefa de conciliar duas coisas contrastantes, que são a liberdade e o poder".

Contudo, a História mostra que a ideia de democracia antecede a forma de governo, como se observa pela instituição da monarquia parlamentarista, fruto da Revolução Gloriosa vivenciada na Inglaterra, razão pela qual Rubens Beçak, após exposição das lições de Rousseau, bem como por constatar que todos os sistemas de organização política contemporâneos se definem constitucionalizados, mesmo que seja apenas no aspecto meramente formal, pontifica que: "a democracia veio a se estabelecer como a forma antes das formas, tornando a dicotomia república x monarquia secundária".[3]

Em igual sentido, Dalmo de Abreu Dallari defende que a democracia é o ideal supremo que funda os Estados a partir do século XVIII e que esse ideal é respeitado pela observância de três princípios: 1) supremacia da vontade popular; 2) preservação da liberdade; e 3) igualdade de direitos.[4]

O Mestre pontifica que "nenhum sistema ou nenhum governante, mesmo quando patentemente totalitários, admitem que não sejam democráticos",[5] o que vai ao encontro da lição de Beçak, que, mesmo nos sistemas em que a constituição e a democracia sejam meramente formais, não há declaração expressa de totalitarismo, tendo em vista que o ideal democrático tornou-se majoritário nos tempos contemporâneos.[6]

Acrescendo os elementos de que o domínio da maioria deve ser em proveito do bem público e em respeito à preservação da minoria, Aderson de Menezes conceitua democracia como:

> O ambiente em que um governo de feitio constitucional garante, com base na liberdade e na igualdade, o funcionamento ativo da vontade popular, através do domínio da maioria em favor do bem público, sob fiscalização crítica da minoria atuante.[7]

Nesse contexto, o presente estudo tem por finalidade analisar sob o prisma científico o impacto da realização dos atos de participação popular, especificamente as audiências públicas e as consultas públicas,

---

[3] Cf. BEÇAK, Rubens. *Democracia*: hegemonia e aperfeiçoamento. São Paulo: Saraiva, 2014. p. 51.

[4] DALLARI, Dalmo de Abreu. *Elementos de Teoria Geral do Estado*. 33. ed. São Paulo: Saraiva, 2016. p. 149.

[5] Ibidem, p. 149.

[6] BEÇAK, Rubens. *Democracia*: hegemonia e aperfeiçoamento. São Paulo: Saraiva, 2014. p. 83.

[7] MENEZES, Aderson de. *Teoria Geral do Estado*. 8. ed. Rio de Janeiro: Forense, 2009. p. 286.

no seio da função administrativa, concretizadas de forma típica pelo Poder Executivo, sem se esquecer da execução atípica pelos outros "Poderes" e órgãos autônomos de *status* constitucional.

Não serão objeto de análise deste trabalho as audiências públicas e as consultas públicas realizadas pelo Poder Judiciário e pelo Poder Legislativo no exercício típico de suas funções.

A atual ordem constitucional encaminha-se para fazer 32 anos. É isento de dúvidas que a Constituição da República de 1988 inaugurou o modelo de Estado Democrático de Direito, expandindo o direito à participação popular na formação da vontade estatal de forma ampla e com a finalidade de conferir legitimidade à atuação estatal.

Cumpre ressaltar que o direito à participação é entendido como uma nova dimensão ou geração autônoma de direito fundamental, compreendido como a quarta geração/dimensão dos direitos e das garantias fundamentais, de acordo com o posicionamento doutrinário de Paulo Bonavides.

Apesar da abertura e da difusão democrática ocasionada pela Constituição da República, a Administração Pública ainda permanece com alguns princípios e hábitos autoritários, o que demanda atuação legislativa e maciça produção doutrinária com a finalidade de conferir melhor interpretação à atividade administrativa em conformidade com o modelo vigente de Estado Democrático de Direito definido pelo art. 1º da Constituição da República.

A importância e a relevância do tema escolhido derivam da urgência de conferir uma agenda democrática substancial perene à Administração Pública, aproximando a escolha das diretrizes e da eleição de prioridades públicas aos reais interesses da coletividade, interesses esses construídos por meio da formação de consenso entre Estado e Sociedade e sem a eleição de um interesse público apriorístico e prévio por parte do Poder Público.

Baseado nessas colocações, o presente estudo buscará responder, no decorrer do desenvolvimento, ao seguinte questionamento: "De que forma as audiências e as consultas públicas podem estimular a abertura democrática na função administrativa?".

O objetivo geral é analisar e expor a relevância das audiências e das consultas públicas na Administração Pública como mecanismos estimuladores da democracia material na função administrativa e que têm como finalidade a instrução do processo administrativo, assim como a possibilidade de conferir legitimidade social às decisões do Poder Público.

Por conseguinte, os objetivos específicos propostos são: i) entender os conceitos de democracia formal e material em uma visão complementar e não excludente como forma de superar o déficit democrático na atividade administrativa do Estado; ii) estudar os institutos das audiências e consultas públicas e respectivos procedimentos, pontuando limitações que possam obstar o exercício do direito de participação e caminhos de superação; iii) firmar a necessidade de observância das opiniões lançadas nos atos de participação popular no espectro decisório do Poder Público.

A hipótese apresentada na dissertação é a de que as audiências e as consultas públicas, conquanto expressão do direito fundamental de participação popular positivado no ordenamento jurídico brasileiro, necessitam de matriz interpretativa e argumentativa por parte da doutrina, da jurisprudência e, em especial, da própria Administração Pública para que se atinja e cumpra com o direito à democracia em aspecto material.

A metodologia de pesquisa iniciou com um trabalho bibliográfico exploratório e pesquisa jurisprudencial, que buscou demonstrar a evolução dos conceitos de democracia formal e material, partindo-se para a resistência da expansão democrática na Administração Pública e pesquisa relacionada às audiências e às consultas públicas como atos capazes de fomentar a democracia material na Administração Pública.

Na primeira seção, buscar-se-á abordar os conceitos de democracia formal, na visão do normativismo jurídico de Hans Kelsen, que tem visão procedimentalista da democracia, através da constituição de regras prévias e racionais, com a finalidade de conferir segurança jurídica, abstraindo considerações axiológicas externas ao ordenamento jurídico. Em contraponto, o conceito de democracia material a ser defendido na oportunidade será a partir da corrente jusnaturalista de Gustav Radbruch e Robert Alexy, calcado no contexto de pós-Segunda Guerra Mundial e com inclusão de valores no ordenamento jurídico, como critérios de correção de eventual aplicação autoritária e arbitrária das normas.

Dessa maneira, afunilando a pesquisa, passar-se-á para a caracterização do déficit democrático, ainda presente na Administração Pública nos tempos contemporâneos e o debate acerca da possível superação do princípio da supremacia do interesse público sobre o interesse particular, haja vista haver vozes doutrinárias que defendem que a existência de um interesse público prévio e apriorístico é contrária à ideia de uma Administração Pública Democrática.

A primeira seção encerra com a mudança de paradigma do estudo do Direito Administrativo, deslocando o enfoque da teoria administrativa do ato administrativo para o processo administrativo, pois, conforme será explicitado, a atividade administrativa focada no procedimento facilita a abertura democrática por meio dos instrumentos de participação da audiência e consulta públicas que serão estudados exaustivamente nessa oportunidade, bem como garante legitimidade no tocante à publicidade e à facilidade de controle por parte do administrado.

Na segunda seção, estudar-se-ão as audiências e as consultas públicas inicialmente como marcos da procedimentalização da atividade administrativa, passando pela finalidade da instituição desses instrumentos de participação popular em três escopos: 1) escopo jurídico; 2) escopo instrutório; e 3) escopo sociológico.

Após, serão debatidas as normas que regulamentam o procedimento das audiências e consultas públicas, elegendo-se como paradigmas da pesquisa: 1) a Lei n. 9.784/1999 – Lei do Processo Administrativo Federal, cujas disposições são replicadas à semelhança nos demais entes federativos, conforme será demonstrado no decorrer do trabalho; e 2) o art. 29, da Lei de Introdução às Normas de Direito Brasileiro, que introduziu a realização de consultas públicas na Administração Pública para discutir previamente a edição de atos normativos.

Ao tratar do procedimento das audiências e consultas públicas, ter-se-á a cautela de apontar o *iter* que a Administração Pública deverá adotar como forma de garantir que a participação popular traga efeitos materiais e ostente legitimidade para não se caracterizar apenas como uma mera formalidade disfarçada de abertura democrática.

A terceira seção, por derradeira, tratará do impacto do resultado das audiências e consultas públicas na decisão a ser proferida pela autoridade administrativa, abordando-se a necessidade de o gestor público observar as manifestações populares, bem como eventual existência de direito subjetivo por parte do cidadão e de entidades da sociedade civil ao verem seus argumentos, lançados nos atos participativos, considerados na decisão administrativa como fruto do princípio do contraditório material e do direito fundamental à boa Administração Pública.

CAPÍTULO 1

ADMINISTRAÇÃO PÚBLICA CONSENSUAL

1.1 A democratização da função administrativa: o déficit democrático

1.1.1 Democracia formal: concepção positivista

Para compreender as concepções de democracia para o positivismo jurídico e a corrente pós-positivista, que tem viés jusnaturalista, é necessária uma breve exposição do que se entende a respeito dessas correntes da Filosofia do Direito, pois a problemática a ser enfrentada surge a partir do debate entre essas duas formas de se ver e compreender a validade da norma jurídica.

O jusnaturalismo, segundo Norberto Bobbio, pode ser encarado como três formas de se ver o direito natural,[8] direito compreendido como decorrente da própria natureza humana, no qual o papel do legislador é meramente declaratório, pois o direito já existe e é superior ao direito posto.[9] As três formas de jusnaturalismo, para Bobbio, são o escolástico, o racionalista moderado e o hobbesiano, havendo diferença quanto aos destinatários da norma natural e da norma positiva.[10]

---

[8] BOBBIO, Norberto. *Jusnaturalismo e Positivismo Jurídico*. São Paulo: Unesp, 2016. p. 158.

[9] Para Bobbio: Antes de tudo, buscarei redefinir as duas expressões, "jusnaturalismo" e "positivismo jurídico". Por jusnaturalismo entendo aquela corrente que admite a distinção entre direito natural e o direito positivo e sustenta a supremacia do primeiro sobre o segundo. Por positivismo jurídico, aquela corrente que não admite a distinção entre direito natural e direito positivo e afirma que não existe outro além do positivo.

[10] Para Bobbio: 1) O direito natural é um conjunto de primeiros princípios éticos, muito gerais, dos quais o legislador humano deve tirar inspiração para a formulação das regras do direito positivo, o qual, segundo a conhecida exposição de São Tomás, procede do

Em relação ao positivismo jurídico, que busca estudar e entender as razões de validade da norma jurídica dentro da própria estrutura do ordenamento jurídico, tendo essa corrente filosófica inclinação constitutiva da norma jurídica, Bobbio compreende o positivismo jurídico de três formas: 1) modo de aproximação do estudo do direito; 2) como determinada teoria ou concepção do direito; e 3) como certa ideologia de justiça.[11]

No presente estudo, utilizar-se-á a concepção jurídica do positivismo jurídico enquanto teoria, pois essa concepção justifica a validade do direito enquanto sistema escalonado de normas e busca autonomia no próprio sistema. Bobbio considera Kelsen como juspositivista, apesar da distinção teórica de Kelsen com os positivistas, pois, como se verifica a partir das lições de Bobbio, a teoria positivista apoia-se no fato de que o direito está no plano ontológico, no campo do ser,[12] enquanto

---

direito positivo ou *per conclusionem*, ou *per determinationem*. Nessa acepção, o direito natural é um sistema composto de pouquíssimas normas (segundo alguns, de apenas uma), que têm por destinatários não todos os homens, mas principalmente os legisladores. Do fato de os destinatários do direito natural serem, em primeiro lugar, os legisladores, deriva a consequência de que os súditos são obrigados, em alguns casos, a obedecer também às leis injustas, se legitimamente promulgadas.

2) O direito natural é o conjunto dos *dictamina rectae rationis*, que fornece a matéria da regulamentação, enquanto o direito positivo é o conjunto dos expedientes prático-políticos (como a instituição e a organização de um poder coativo), que determina sua forma, ou, em outras palavras, o primeiro constitui a parte preceptiva da regra, aquela que atribui a qualificação normativa a dado comportamento, e o segundo, a parte punitiva, aquela que torna a regra eficaz em um mundo, como o humano, dominado pelas paixões, que impedem a maioria de seguir os ditames da razão.

Segundo a terminologia kantiana, que reproduz de modo exato, na minha opinião, esse ponto de vista, a distinção entre direito natural e o positivo corresponde à distinção entre direito provisório e peremptório. O que muda no direito positivo, com respeito ao natural, não é o conteúdo, mas os diferentes procedimentos empregados para fazê-lo valer. Nessa acepção, o direito natural é o produto das relações de coexistência dos indivíduos fora do Estado (ou seja, no estado natural) e tem por destinatários, portanto, além do legislador, também os indivíduos.

3) O direito natural é o fundamento ou sustentáculo do ordenamento jurídico positivo inteiro. Ao contrário do que acontece na teoria precedente, aqui o conteúdo da regulamentação é determinação de forma exclusiva pelo legislador humano (o soberano). A função do direito natural é pura e simplesmente a de dar um fundamento de legitimidade ao poder do legislador humano, prescrevendo que os súditos obedeçam a tudo que o soberano ordenar. Nessa concepção, que caracteriza, a meu ver, a teoria hobbesiana, o direito natural é reduzido a uma só norma. Nas sociedades de iguais: "é preciso manter as promessas"; nas sociedades de desiguais "é preciso obedecer aos comandos do superior". Como se vê, nessa concepção, a lei natural serve unicamente para pôr o sistema em movimento, e, uma vez assim, ele funciona por si. A lei natural dessa forma concebida tem por destinatários os súditos.

[11] BOBBIO, Norberto. *Jusnaturalismo e Positivismo Jurídico*. São Paulo: Unesp, 2016. p. 130.

[12] Ibidem, p. 140.

Kelsen rechaça a norma jurídica como um fato, entendendo-a como uma abstração que pertence ao campo do "dever ser", ou seja, está inserida em um plano deontológico.

Eros Roberto Grau, ao comentar acerca da corrente dominante do positivismo jurídico, leciona que:

> Daí, segundo a variante predominante do positivismo (Kelsen/Luhmann), o direito positivo deve manter sua autonomia a partir de si mesmo e através dos seus próprios meios, ou seja, através dos sucessos dogmáticos de uma jurisprudência fiel à lei, mas que se torna independente da política e da moral [Habermas 1991/61-62].[13]

A teoria de Kelsen buscou dar validade à norma jurídica através de um sistema escalonado em forma de pirâmide (Teoria Estática[14]), na qual a Constituição tem o maior *status*, a Lei vem em seguida, com fundamento de validade encontrado na Constituição e após os demais atos, que derivam da Lei (atos administrativos, negócios jurídicos etc.). Ou seja, cada norma tem a validade se estiver formal e materialmente conformada com a norma de *status* superior.

Critica-se a teoria de Kelsen no sentido de que, ao separar critérios morais da validade da norma jurídica, acaba por permitir a legitimação de condutas as quais atentam contra a razão e dignidade humanas. Porém, Kelsen, na "Teoria Pura do Direito", apenas buscou por tirar a moral como critério de validade da norma jurídica, para evitar que uma Moral Absoluta seja critério de validade da norma jurídica (pois os valores morais e de justiça absolutos que são critérios de validade de sistemas jurídicos fundados no jusnaturalismo), entendendo que o direito posto pode corresponder a uma moral relativa, de acordo com vários sistemas morais possíveis.

Nas palavras do autor:

> A exigência de uma separação entre Direito e Moral, Direito e Justiça, significa que a validade de uma ordem jurídica positiva é independente desta Moral absoluta, única válida, da Moral por excelência, de a Moral.

---

[13] GRAU, Eros Roberto. *O Direito Posto e o Direito Pressuposto*. 9. ed. rev. e ampl. São Paulo: Malheiros, 2014. p. 97.

[14] Acerca da diferença de Teoria Estática e Teoria Dinâmica do Direito, Kelsen pontua que "A primeira tem por objeto o Direito como um sistema de normas em vigor, o Direito no seu momento estático; a outra tem por objeto o processo jurídico em que o Direito é produzido e aplicado, o Direito no seu movimento. Deve, no entanto, observar-se, a propósito, que este mesmo processo é, por sua vez, regulado pelo Direito.". KELSEN, Hans. *Teoria Pura do Direito*. 6. ed. São Paulo: Martins Fontes, 1998. p. 50.

Se pressupusermos somente valores morais relativos, então a exigência de que o Direito deve ser moral, isto é, justo, apenas pode significar que o Direito positivo deve corresponder a um determinado sistema de Moral entre os vários sistemas morais possíveis.[15]

Inobstante esta argumentação, Gustav Radbruch, ex-Ministro da Justiça na antiga República de Weimar, por um curto período, esteve envolvido com o projeto de Constituição da República Federal da Alemanha após o regime nazista,[16] oportunidade a qual Radbruch, em resposta aos atos nazistas, criou a fórmula da extrema injustiça – a "Fórmula de Radbruch", para justificar, inclusive, a punição dos nazistas, que ocorreu no Tribunal de Nuremberg, definindo que se determinada norma jurídica for extremamente injusta, esta é inválida juridicamente.

Segundo Radbruch, em ensaio intitulado "Cinco Minutos de Filosofia do Direito":[17]

> Tentativas têm sido feitas para suplementar ou substituir este princípio por outro: O Direito é o que beneficia as pessoas.
>
> Ou seja, arbitrariedade, violação de contrato e ilegalidade – apenas de modo a beneficiar algumas pessoas - são leis. Praticamente falando, isso significa que o que quer que as autoridades estatais considerem benéfico para as pessoas, é lei, incluindo todo o capricho despótico, a punição não sancionada por estatuto ou decisão judicial, o assassinato sem lei dos doentes. Isso pode significar que o benefício privado daqueles que estão no poder seja considerado como um benefício público. Na verdade, era a equivalência entre a lei com os supostos ou ostensivos benefícios para as pessoas que transformaram a Rechtsstaat em um estado fora da lei.
>
> Não, esse princípio não significa: tudo o que beneficia as pessoas é lei.
>
> Em vez disso, é o contrário: apenas o que é uma lei beneficia as pessoas.
>
> Terceiro Minuto
>
> O direito é a vontade de justiça. Justiça significa: julgar quem quer que seja a pessoa, medir todos pelos mesmos padrões.
>
> Se uma pessoa aplaude o assassinato de um oponente político, ou ordena o assassinato de alguém de uma outra raça, a busca pela mais cruel e

---

[15] KELSEN, Hans. *Teoria Pura do Direito*. 6. ed. São Paulo: Martins Fontes, 1998. p. 47.

[16] Insta salientar que Gustav Radbruch era adepto do juspositivismo em momento pré-Segunda Guerra Mundial.

[17] RADBRUCH, Gustav. *Five Minutes of Legal Philosophy*. Disponível em: https://academic.oup.com/ojls/article-abstract/26/1/13/1505666?redirectedFrom=fulltext. Acesso em: 6 jan. 2018.

CAPÍTULO 1
ADMINISTRAÇÃO PÚBLICA CONSENSUAL | 27

degradante punição para os mesmos atos cometidos de acordo com sua própria persuasão não pode ser justiça ou Direito.

Se leis traem de maneira deliberada o ideal de justiça – por aqueles que, por exemplo, arbitrariamente concedem e retiram direito humanos – então essas leis não possuem validade, as pessoas não devem obediência a elas, e os juristas, igualmente, precisam não conferir a elas o caráter legal.

Quarto Minuto

Claro que é verdade que o benefício público, junto com a justiça, é um objetivo do Direito. E também é lógico que as leis têm valor próprio e entre elas, até mesmo as leis ruins: o valor, nomeadamente, de garantir a norma contra incertezas. E, claro, é verdade que, devido à imperfeição humana, os três valores da norma – benefício público, certeza legal e justiça – não são sempre unidos harmoniosamente nas leis, e o único recurso, então, é pesar se a validade deve ser garantida até a norma prejudicial ou injusta pelo bem da certeza legal, ou se a validade deve ser recusada diante da injustiça ou do prejuízo à sociedade. Uma coisa, contudo, deve ser inegavelmente impressa na consciência das pessoas em geral e na dos juristas: Pode haver leis tão injustas ou socialmente prejudiciais que tanto a validade como o próprio caráter jurídico devem ser negados.[18]

---

[18] Tradução livre do autor da língua inglesa para a língua portuguesa da seguinte passagem:
Attempts have been made to supplement or replace this tenet with another: Law is what benefits the people.
That is to say, arbitrariness, breach of contract, and illegality – provided only that they benefit the people – are law. Practically speaking, this means that whatever state authorities deem to be of benefit to the people is law, including every despotic whim and caprice, punishment unsanctioned by statute or judicial decision, the lawless murder of the sick. This can mean that the private benefit of those in power is regarded as a public benefit. Indeed, it was the equating of the law with supposed or ostensible benefits to the people that transformed a Rechtsstaat into an outlaw state.
No, this tenet does not mean: Everything that benefits the people is law. Rather, it is the other way around: Only what law is benefits the people.
Third Minute
Law is the will to justice. Justice means: To judge without regard to the person, to measure everyone by the same standard. If one applauds the assassination of political opponents, or orders the murder of people of another race, all the while meting out the most cruel and degrading punishment for the same acts committed against those of one's own persuasion, this is neither justice nor law.
If laws deliberately betray the will to justice – by, for example, arbitrarily granting and withholding human rights – then these laws lack validity, the people owe them no obedience, and jurists, too, must find the courage to deny them legal character.
Fourth Minute
Of course it is true that the public benefit, along with justice, is an objective of the law. And of course laws have value in and of themselves, even bad laws: the value, namely, of securing the law against uncertainty. And of course it is true that, owing to human imperfection, the three values of thelaw – public benefit, legal certainty, and justice – are not always united harmoniously in laws, and the only recourse, then, is to weigh whether validity is to be granted even to bad, harmful, or unjust laws for the sake of legal certainty, or whether validity is to be withheld because of their injustice or social harmfulness. One thing, however, must be indelibly impressed on the

Ou seja, Radbruch trouxe o critério da extrema injustiça, externo ao Direito, para evitar que novas barbáries acontecessem com fundamento em normas positivas e separadas da moral e da justiça que a poderiam legitimar, diferindo da teoria de validade kelseniana que é intrassistêmica.

O fundamento da teoria de Kelsen é o de que o ordenamento jurídico composto em forma piramidal está sujeito a uma pressuposição, chamada por Kelsen de norma fundamental, a qual se é uma ficção para dar validade ao ordenamento jurídico consistente na obrigação de observância obrigatória da norma jurídica.[19]

É na natureza da norma fundamental que se encontra a maior crítica à teoria de Kelsen, pois o notável jusfilósofo, ao atribuir como uma ficção a norma fundamental, a fez para dar sustentabilidade à teoria e para dotar o sistema de estabilidade, sem a insegurança da existência de um supradireito não escrito e que ainda pode ser descoberto para dar fundamento superveniente de validade ou invalidade ao ordenamento jurídico, conforme preconiza o pensamento jusnaturalista.

Bobbio aponta, inclusive, que a transformação da norma fundamental em hipótese científica aproxima-se da concepção jusnaturalista de Thomas Hobbes:[20]

> A terceira e última posição do jusnaturalismo é aquela que, como vimos, atribui à lei natural a função de atlante do sistema jurídico positivo, ou de norma fundamental do sistema. Contra essa posição há o princípio, positivista por excelência, da fundação do direito não sobre o outro (o que comportaria um processo ao infinito), mas sobre o fato, ou seja, o princípio da efetividade. O que faz um conjunto de regras de conduta em determinada sociedade um ordenamento jurídico não é mais a existência de um dever de obediência dos consorciados, derivado de uma lei extrapositiva, mas o fato, o fato nu, historicamente verificável, de que aquele ordenamento é por hábito obedecido pela maior parte das pessoas as quais se destina.[21]

---

consciousness of the people as well as of jurists: There can be laws that are so unjust and so socially harmful that validity, indeed legal character itself, must be denied them.

[19] RADBRUCH, Gustav. *Five Minutes of Legal Philosophy*. Disponível em: https://academic.oup.com/ojls/article-abstract/26/1/13/1505666?redirectedFrom=fulltext. Acesso em: 6 jan. 2018. p. 141, 143.

[20] BOBBIO, Norberto. *Jusnaturalismo e Positivismo Jurídico*. São Paulo: Unesp, 2016. p. 161-162.

[21] A corrente positivista que defende que o ordenamento jurídico é apenas aquele que a sociedade obedece denomina-se realismo jurídico.

Se algum autor quis continuar a manter viva a doutrina jusnaturalista da norma fundamental, esta se transformou, como na doutrina de Kelsen e de seus seguidores, não em uma norma como todas as outras, mas em uma hipótese científica, ou em uma norma para a qual não se pode colocar o problema da validade como ele o é para as outras normas, desde que se pode admitir sua existência apenas quando se constata sua eficácia.

Apesar dessa aproximação da teoria de Kelsen com o jusnaturalismo, a Teoria Pura do Direito, enquanto Teoria da norma jurídica, traz estabilidade e previsibilidade ao sistema escalonado de normas jurídicas, pois traz um fundamento de validade estável,[22] calcado na "ficção" da norma fundamental, a qual estabelece que as normas jurídicas válidas dentro do sistema devem ser cumpridas, sem apelo a um supradireito mutável e que pode variar de acordo com os valores morais de cada momento histórico.

Em relação à concepção democrática kelseniana, o pensamento do Mestre de Viena a respeito da democracia coincide com a concepção normativista inaugurada em "Teoria Pura do Direito", uma vez que Hans Kelsen busca definir democracia enquanto procedimento formal no qual consta a participação do povo no governo, com respeito à vontade da maioria, com a finalidade de criar e aplicar o ordenamento jurídico.[23]

Nas palavras do filósofo austríaco:

> Portanto, a participação do governo, ou seja, na criação e aplicação das normas gerais e individuais da ordem social que constitui a comunidade, deve ser vista como a característica essencial da democracia. Se esta participação se dá por via direta ou indireta, isto é, se existe uma democracia direta ou representativa, trata-se, em ambos os casos, de um processo, um método específico de criar e aplicar a ordem social que constitui a comunidade, que é o critério do sistema político

---

[22] Hans Kelsen também teve a oportunidade de defender a Teoria Pura do Direito como teoria de validade e não de existência do Direito em ensaio compilado à obra "O que é Justiça?", conforme se verifica do magistério do jusfilósofo austríaco: "A teoria Pura do Direito limita-se a uma análise estrutural do Direito positivo, baseada em um estudo comparativo das ordens sociais que efetivamente existem e existiram em nome do Direito. Portanto, o problema da origem do Direito – o Direito em geral ou uma ordem jurídica particular – isto é, das causas da existência do Direito em geral ou de uma ordem jurídica particular, com seu conteúdo específico, ultrapassa o escopo desta teoria. São problemas da sociologia e da história e, como tais, exigem métodos totalmente diferentes dos de uma análise estrutural de ordens jurídicas dadas". Cf. KELSEN, Hans. *O que é Justiça?* 3. ed. São Paulo: Martins Fontes, 2001. p. 291.

[23] KELSEN, Hans. *A Democracia*. 6. ed. São Paulo: Martins Fontes, 2000. p. 142.

apropriadamente chamado democracia. Não é um conteúdo específico da ordem social na medida em que o processo em questão não constitui em si um conteúdo desta ordem, isto é, não é regido por esta ordem. O método de criação da ordem é sempre regido pela própria ordem, desde que a mesma seja uma ordem jurídica.[24]

A ideia kelseniana de democracia enquanto procedimento visa conferir racionalidade e previsibilidade ao sistema, uma vez que, através do conjunto de normas preestabelecidas, é possível calcular os atos estatais, como se verifica dos seguintes ensinamentos:

> O caráter racionalista da democracia manifesta-se sobretudo na tendência em estabelecer a ordem jurídica do Estado como um sistema de normas gerais criadas, com essa finalidade, por um procedimento bem organizado. Existe uma clara intenção de determinar, mediante uma lei preestabelecida, os atos individuais dos tribunais e órgãos administrativos, de modo a torná-los – o máximo possível – calculáveis. Há uma franca necessidade de racionalizar o processo no qual o poder do Estado se manifesta. É esse o motivo pelo qual a legislação é vista como base das outras funções do Estado. O ideal de legalidade desempenha um papel decisivo: admite-se que os atos individuais do Estado podem ser justificados por sua conformidade com as normas gerais do Direito. A segurança jurídica, em vez de justiça absoluta, ocupa o primeiro plano da consciência jurídica. A autocracia, por outro lado, despreza essa racionalização do poder. Evita, o mais que pode, qualquer determinação dos atos do Estado, especialmente a dos atos de um governante autocrático, por normas gerais preestabelecidas que possam implicar uma restrição de seu poder discricionário.[25]

Pelas mesmas razões que a Teoria Pura do Direito foi criticada. A concepção democrática de Kelsen, formalista por essência, também não ficou imune às críticas, pois segundo seus opositores, para haver Estado democrático seria suficiente a existência de uma Constituição, a qual estabelece o procedimento de tomada de decisões estatais, pouco importando seu conteúdo material, o que poderia ocasionar uma ditadura da maioria em face da minoria.

Essa conclusão se constata do ensinamento de Paulo Bonavides, em defesa da nova hermenêutica constitucional em prol da democracia participativa, fundada em princípios e valores:

---

[24] Ibidem, p. 142.
[25] KELSEN, Hans. *A Democracia*. 6. ed. São Paulo: Martins Fontes, 2000. p. 185.

O princípio da constitucionalidade, desatando-se de seus laços de sujeição e vassalagem ao formalismo hierárquico de Kelsen – sem, contudo, renegá-lo, antes incorporando-o -, fez brotar outra hierarquia, de teor material, a saber: a hierarquia de valores e princípios, doravante sua nova base e fundamento. Desta, uma vez privado o princípio, perderia ele a possibilidade de instaurar a nova hermenêutica constitucional.[26]

Às críticas relacionadas ao suposto modelo meramente formal de democracia kelseniano, tendentes a causar uma "ditadura" da maioria, Hans Kelsen pontifica que, em virtude de o procedimento democrático ser fundado nos pilares dos princípios da liberdade e igualdade, há proteção política e jurídica às minorias:

> Uma vez que o princípio de liberdade e igualdade tende a minimizar a dominação, a democracia não pode ser uma dominação absoluta da maioria. Pois a dominação pela maioria do povo distingue-se de qualquer outra dominação pelo fato de que ela não apenas pressupõe, por definição, uma oposição (isto é, a minoria), mas também porque, politicamente, reconhece sua existência e protege seus direitos.[27]

De todo o exposto, apesar das críticas apontadas à concepção kelseniana de democracia, há dois pontos de inegável valor para a manutenção do Estado Democrático de Direito contemporâneo, sem os quais não há como falar em democracia, e sim em autocracia: 1) procedimento de criação de normas e de tomada de decisões estatais; e 2) segurança jurídica decorrente desta lógica procedimentalista. Estes dois pressupostos da concepção democrática kelseniana até os jusnaturalistas aderem nas teorias desenvolvidas por estes, como será desenvolvido a seguir.

1.1.2 Democracia material ou substantiva: concepção pós-positivista

Para os pós-positivistas da segunda metade do século XX, a concepção de validade da norma jurídica, além da forma estrutural

---

[26] BONAVIDES, Paulo. *Teoria Constitucional da Democracia Participativa*. São Paulo: Malheiros, 2001. p. 38. Vide, em sentido semelhante, as críticas a Hans Kelsen enquanto uma teoria jurídica exclusivamente formal: GRAU, Eros Roberto. *O Direito Posto e o Direito Pressuposto*. 9. ed. rev. e ampl. São Paulo: Malheiros, 2014. p. 36-37 e BIELSCHOWSKY, Raoni Macedo. *Democracia Constitucional*. São Paulo: Saraiva: 2013. p. 170-171.

[27] KELSEN, Hans. *A Democracia*. 6. ed. São Paulo: Martins Fontes, 2000. p. 182-183.

defendida pela corrente normativista, abrange critérios de correção material da norma, conforme já se pode ver a partir da fórmula da "injustiça extrema", cunhada por Gustav Radbruch, que é um mecanismo de aferir a validade da norma fora do sistema jurídico.

Robert Alexy, ao dissertar sobre o conceito e a validade do Direito, é um dos jusfilósofos claramente influenciados pelo fator de correção radbruchiano.

Para Alexy:

> O direito é um sistema normativo que (1) formula uma pretensão à correção, (2) consiste na totalidade das normas que integram uma constituição socialmente eficaz em termos globais e que não são extremamente injustas, bem como na totalidade das normas que integram uma constituição socialmente eficaz em termos globais e que não são extremamente injustas, bem como na totalidade das normas estabelecidas em conformidade com essa constituição e que apresentam um mínimo de eficácia social ou de possibilidade de eficácia e não são extremamente injustas, e (3) ao qual pertencem os princípios e outros argumentos normativos, nos quais se apoia e/ou deve se apoiar o procedimento de aplicação do direito para satisfazer a pretensão à correção.[28]

A definição de direito de Alexy encontra guarida na fórmula de Radbruch, tanto que aquele publicou artigo denominado "Uma defesa da fórmula de Radbruch", ocasião em que defendeu a utilização da "injustiça extrema" para os casos de violação maciça de direitos fundamentais em regimes de exceção, bem como rebateu o caráter subjetivo do aplicador e intérprete da norma jurídica para configurar hipóteses de injustiça extrema, que é a maior crítica ao modelo radbruchiano de validade da norma jurídica,[29] pois o fator de correção do direito proposto por Radbruch não teria aplicação nas violações comezinhas do ordenamento jurídico:

> O argumento da democracia está estreitamente emparelhado com o argumento da segurança jurídica e do relativismo. Diz-se que o conceito de Direito não positivo alberga o perigo de que os juízes, invocando a justiça, se oponham a decisões do legislador democraticamente eleito.

---

[28] ALEXY, Robert. *Conceito e Validade do Direito*. São Paulo: Martins Fontes, 2009. p. 153.

[29] RODRIGUES JUNIOR, Otavio Luiz. A fórmula de Radbruch e o risco do subjetivismo. *Revista Consultor Jurídico*, 11 de julho de 2012. Disponível em: https://www.conjur.com.br/2012-jul-11/direito-comparado-formula-radbruch-risco-subjetivismo. Acesso em: 3 set. 2018.

CAPÍTULO 1
ADMINISTRAÇÃO PÚBLICA CONSENSUAL | 33

Como neste caso se trata de uma ingerência do Poder Judiciário no âmbito do Legislativo, esta objeção pode ser formulada também como uma objeção à divisão de Poderes. Quando se trata, como nos casos aqui examinados, de um Direito de ditaduras que nem mesmo conhecem a democracia ou a divisão de Poderes, esta objeção carece de sentido. Mas também pode ser invalidada por completo. A formula de Radbruch somente abarca a injustiça extrema. Tem eficácia unicamente em um núcleo essencial. O controle por parte da jurisdição constitucional das violações de direitos fundamentais nos Estados democráticos constitucionais vai muito além em seu conteúdo. Quem aduz um argumento acerca da democracia ou da divisão de Poderes contra a fórmula de Radbruch deveria, por essa razão, rechaçar qualquer vinculação do legislador aos direitos fundamentais controláveis judicialmente.[30] [31]

Para aclarar que a intenção de Gustav Radbruch, ao criar a fórmula da injustiça extrema, tinha por objeto apenas as violações aos direitos fundamentais e ao regime democrático, assim como para admitir que a injustiça extrema tinha como conteúdo razões morais como critério de validade da norma jurídica, sendo essa carga axiológica os direitos humanos ou fundamentais, Alexy, em outra oportunidade, ensina que:[32]

V. O que a Lei É e o que Deve Ser.

Permanece a questão de saber se também existe uma conexão de classificação definida pela fórmula de Radbruch, que diz que injustiça

---

[30] ALEXY, Robert. Una Defensa de la Fórmula de Radbruch. *In*: Anuário de la Faculdade de Derecho da Universidade da Coruña, 2001. p. 93.

[31] Nossa tradução para *"El argumento de la democracia está estrechamente emparentado con el argumento de la seguridad jurídica y el del relativismo. Dice que el concepto de Derecho no positivista alberga el peligro de que los jueces, invocando la justicia, se opongan a decisiones del legislador democráticamente legitimado. Como en este caso se trata de una injerencia del poder judicial em el ámbito del legislativo, esta objeción puede ser formulada también como la objeción de la división de poderes. Cuando se trata, como em los casos aqui examinados, del Derecho de ditaduras que no conocen ni la democracia ni la división de poderes, esta objeción carece de sentido. Pero también puede ser invalidada por completo. La formula de Radbruch sólo abarca la extrema injusticia. Tiene eficácia unicamente em um núcleo essencial. El control por parte de la jurisdicción constitucional de las violaciones de derechos fundamentales em los Estados democráticos, constitucuionales va mucho más aliá em cuanto a su contenido. Quién aduzca um argumento de la democracia o de la división de poderes contra la fórmula de Radbruch debería, por esta razón, rechazar cualquer vinculación del legislador a los derechos fundamentales controlable judicialmente".*

[32] ALEXY, Robert. On The Concept and The Nature of Law. *In*: *Ratio Juris*, v. 21, n. 3, September 2008. p. 296.

extrema não é lei. Certamente, a fórmula de Radbruch não pode ser deduzida da tese revisada. A tese revisada, tomada isoladamente, refere-se apenas a defeitos. E defeitos legais, como tal, não implicam invalidez jurídica.

Este é um corolário da natureza dual do direito. A lei é, em um e o mesmo tempo, essencialmente autoritária e essencialmente ideal. Todos os defeitos no lado ideal são defeitos legais, mas de modo algum todos esses defeitos possuem os meios para minar o que foi estabelecido como lei pelo lado autoritário. Para dar este passo adicional, razões adicionais são necessárias.

Essas razões adicionais devem incluir razões morais. Razões morais são razões normativas. As razões morais ou normativas que estão por trás da fórmula de Radbruch compreendem direitos humanos ou fundamentais. Isto torna possível dar expressão ao não positivismo em termos normativos: "Um conceito não-positivista de direito deve necessariamente ser aplicado para proteger os direitos fundamentais do cidadão" (Alexy, 2002, p. 58).[33]

Na concepção de Radbruch e Alexy, a norma jurídica poderia ser corrigida por critérios externos ao ordenamento jurídico, o que confere caráter material e substantivo à validade da norma jurídica, somando-se ao critério procedimental de validade cunhado por Kelsen.

Nesta linha, a concepção de democracia para os pós-positivistas, entendida como democracia material ou substantiva, envolve a existência de fator de correção material no ordenamento jurídico. No pós-Segunda Guerra Mundial, a dignidade da pessoa humana foi objeto de atenção e regulamentação de normas de Direito Internacional e direito interno.

---

[33] Nossa tradução para: *"V. What the Law Is and What It Ought to Be*
The question remains of whether there also exists a classifying connection as defined by the Radbruch formula, which says that extreme injustice is not law. To be sure, the Radbruch formula cannot be deduced from the correctness thesis. The correctness thesis, taken alone, refers only to legal defectiveness. And legal defectiveness as such does not imply legal invalidity. This is a corollary of the dual nature of law. Law is, at one and the same time, essentially authoritative and essentially ideal. All defects on the ideal side are legal defects, but by no means all of these defects have the wherewithal to undermine what has been established as law by the authoritative side. To take this further step, additional reasons are necessary.
These additional reasons must comprise moral reasons. Moral reasons are normative reasons. The moral or normative reasons standing behind the Radbruch formula comprise human or fundamental rights. This makes it possible to give expression to non-positivism in normative terms: "[A] non-positivistic concept of law must of necessity be applied in order to protect the fundamental rights of the citizen" (Alexy, 2002, p. 58).

CAPÍTULO 1
ADMINISTRAÇÃO PÚBLICA CONSENSUAL | 35

A dignidade da pessoa humana, na concepção de Kant de que o ser humano não tem caráter instrumental, e sim finalístico em si mesmo, para os defensores do fator de correção extrassistêmicos, é a pedra de toque do regime democrático dos Estados de Direito do mundo contemporâneo,[34] pois a finalidade do Estado é a realização dos direitos fundamentais do povo,[35] conforme já se pode verificar em passagem anterior.

Contudo, a possibilidade de aplicação de mecanismos extrassistêmicos também é objeto de crítica pelo subjetivismo do intérprete, ainda que haja respeito à vontade da Constituição, na ótica de Konrad Hesse,[36] bem como pela razão de que o conceito de norma jurídica evoluiu para abarcar duas espécies: princípios e regras,[37] sendo a primeira mais abstrata ou funcionando como mandado de otimização e caráter *prima facie*, segundo Alexy,[38] enquanto para este as regras tinham caráter definitivo.[39]

Considerando que o princípio é a normatização de valores, a questão de utilização de mecanismos de correção externos ao ordenamento jurídico perde força no mundo contemporâneo, pois estes valores passam a integrar a ordem jurídica positiva na forma de norma jurídica e não apenas como critério de moral ou de justiça, o que traz toda imperatividade e coerção típica do conceito de Direito enquanto mecanismo de controle social.

Além do estabelecimento de valores que têm mem caráter contramajoritário, a democracia material busca aproximar o povo dos representantes políticos, mediante a difusão de mecanismos de controle e de

---

[34] BONAVIDES, Paulo. *Teoria Constitucional da Democracia Participativa*. São Paulo: Malheiros, 2001. p. 232-233; BIELSCHOWSKY, op. cit., p. 74-75.

[35] No sentido de defender a proteção dos direitos fundamentais, em face de investidas da maioria, como pedra de toque da democracia material, veja CASARA, Rubens R. R. *Estado Pós Democrático*: Neo-Obscurantismo e Gestão dos Indesejáveis. Rio de Janeiro: Civilização Brasileira, 2017. p. 63.

[36] HESSE defende que a Constituição encontra a força normativa no que define como "Vontade da Constituição". Para o célebre filósofo, a pretensão normativa da Constituição deve estar em conformidade com o mundo fático e o contexto histórico do momento da elaboração e promulgação, sob pena de esvaziar a concretude dos mandamentos constitucionalmente dispostos, em caso de dissonância entre a realidade e o estabelecido na norma. – HESSE, Konrad. *A Força Normativa da Constituição*. Porto Alegre: Sergio Antonio Fabris, 1991. p. 15 e 25.

[37] Acerca da evolução das espécies normativas e distinção entre princípios e regras, vide: ÁVILA, Humberto. *Teoria dos Princípios*. 12. ed. ampl. São Paulo: Malheiros, 2011. p. 35-40.

[38] ALEXY, Robert. *Teoria dos Direitos Fundamentais*. 2. ed. São Paulo: Malheiros, 2015. p. 103-104.

[39] ALEXY, op. cit., p. 103-104.

coleta de manifestações populares como subsídio da decisão política, ocasião que abrange o conceito de democracia participativa.[40]

Paulo Bonavides ensina no sentido do raciocínio acima desenvolvido:

> Do ponto de vista teórico faz-se mister, portanto, acrescentar e admitir que a democracia participativa, sobre transcender a noção obscura, abstrata e irreal de povo nos sistemas representativos, transcende, por igual, os horizontes jurídicos da clássica separação de poderes.
>
> E o faz sem, contudo, dissolvê-la. Em rigor a vincula, numa fórmula mais clara, positiva e consistente, ao povo real, o povo que tem a investidura da soberania sem disfarce.
>
> Substitui-se assim, numa esfera renovadora, por outra concepção doutrinária a velha divisão de poderes de Montesquieu. O axioma da separação repousa agora numa distinção funcional e orgânica de poderes, que é a da democracia participativa, assentada com verdade, solidez e legitimidade, sobre pontos referenciais de valoração cuja convergência se faz ao redor de um eixo axiológico cifrado num único princípio cardeal: o princípio de unidade da Constituição.[41]

A participação direta do povo confere maior legitimidade às decisões políticas e permite o enfrentamento de temas sensíveis no contexto da crise de representatividade exclusiva do modelo formal de Estado Democrático de Direito, pois a busca da democracia substantiva é ir além da legalidade, obtendo legitimidade das ações e escolhas estatais.

Também deve ser considerado que no estágio atual de desenvolvimento tecnológico da sociedade, o uso das ferramentas de informação, cada vez mais difundidas, permite a difusão de práticas democráticas,

---

[40] Para Goffredo Telles Júnior: [...] Contra essa decadência, o anseio de uma Democracia mais verdadeira tem se manifestado, modernamente, contra o velho equívoco de pensar que cada congressista, no Poder Legislativo, seja representante de todo o povo. Fato curioso! A reação do espírito democrático, no mundo moderno, está sendo assinalada pela abertura, junto aos Parlamentos, ou longe deles, de novos canais, para a livre penetração das pretensões autorizadas da sociedade, nos órgãos planejadores do Governo.
Observe-se que, atualmente, tudo parece se encaminhar, aproximadamente, para a solução que acaba de ser apontada. Tudo, na consciência política das classes esclarecidas e atuantes do Brasil moderno, parece tender para processos de uma Democracia social, que se convencionou chamar de Democracia Participativa. TELLES JÚNIOR, Goffredo. *O Povo e o Poder*. 3. ed. São Paulo: Saraiva, 2014. p. 88.

[41] BONAVIDES, Paulo. *Teoria Constitucional da Democracia Participativa*. São Paulo: Malheiros, 2001. p. 27.

ampliando o contato entre o titular do poder e o representante eleito, havendo até que se cogitar da possibilidade de exercício direto do poder pelo povo pelas plataformas tecnológicas disponíveis,[42] [43] como forma de atingir o ideal dos Estados Democráticos de Direito contemporâneos: a dignidade humana.

Acerca do acima argumentado, ensinam Rubens Beçak e João Victor Rozatti Longhi que:

> Esse parece ser o espírito do Estado Social no século XXI, um Estado que não age para punir e se omite para dar liberdade, mas que no mais das vezes deve atuar positivamente para concretizá-la e garanti-la. Por cerre, a democracia na dita sociedade da informação é participativa, pois inclui antes de segregar e funde interesses públicos e privados, muitas vezes, por permitir os sujeitos do sistema democrático a jogarem um jogo que tem uma única regra: liberdade digna para todos.[44]

Em suma, o conceito de democracia material soma-se à lógica procedimental da democracia formal para atribuir qualitativamente: 1) a consagração de valores de caráter contramajoritários, para evitar a autocracia ou a "ditadura das maiorias"; e 2) a ampliação dos canais de manifestação e participação popular na vontade estatal, exercendo direito de influência ou decidindo as prioridades públicas.

1.1.3 O Déficit Democrático na função administrativa: conceituação

A função administrativa guarda relação direta com os ideais democráticos, uma vez que a concepção contemporânea desta tem vínculo estreito com os movimentos revolucionários vivenciados na Europa e nos Estados Unidos da América no Séc. XVIII.

---

[42] Dalmo de Abreu Dallari pontua que os avançados recursos tecnológicos podem possibilitar a retomada do exercício amplo da democracia direta, mas prevê que haverá grande resistência dos políticos profissionais, os quais criam relação de dependência com a parte vulnerável do povo. DALLARI, Dalmo de Abreu. *Elementos de Teoria Geral do Estado*. 33. ed. São Paulo: Saraiva, 2016. p. 152.

[43] FREITAS, Juarez. *O controle dos atos administrativos e os princípios fundamentais*. 5. ed. rev. e ampl. São Paulo: Malheiros, 2013. p. 378.

[44] BEÇAK, Rubens; LONGHI, João Victor Rozatti. A democracia participativa e sua realização - perspectiva histórica e prospecção futura: o marco civil para regulamentação da internet no Brasil. *Revista da Faculdade de Direito, Universidade de São Paulo*, São Paulo, v. 105, p. 185-210, jan. 2010. ISSN 2318-8235. Disponível em: https://www.revistas.usp.br/rfdusp/article/view/67898. Acesso em: 13 ago. 2017. doi: http://dx.doi.org/10.11606/issn.2318-8235.v105i0p185-210.

Em 1789, na França, firmou-se, pela Assembleia Nacional Francesa, a Declaração dos Direitos do Homem e do Cidadão, ato que também reconheceu a limitação do poder estatal face ao ordenamento jurídico para garantir a existência de direitos dos indivíduos reconhecidos como inalienáveis, conforme se verifica do preâmbulo deste:

> Os representantes do povo francês, reunidos em Assembleia Nacional, tendo em vista que a ignorância, o esquecimento ou o desprezo dos direitos do homem são as únicas causas dos males públicos e da corrupção dos Governos, resolveram declarar solenemente os direitos naturais, inalienáveis e sagrados do homem, a fim de que esta declaração, sempre presente em todos os membros do corpo social, lhes lembre permanentemente seus direitos e seus deveres; a fim de que os atos do Poder Legislativo e do Poder Executivo, podendo ser a qualquer momento comparados com a finalidade de toda a instituição política, sejam por isso mais respeitados; a fim de que as reivindicações dos cidadãos, doravante fundadas em princípios simples e incontestáveis, se dirijam sempre à conservação da Constituição e à felicidade geral.

Reconheceu-se, então, a existência do Estado de Direito, em que todo o poder político é submetido à lei[45] (*rule of law*), razão pela qual ganhou-se proeminência a atividade parlamentar, como criadora de normas, de acordo com os parâmetros estabelecidos pela Constituição.

O magistério de Jorge Miranda é em idêntico sentido, ao conceituar o que se entende por Estado de Direito:

> Numa primeira noção, Estado constitucional significa Estado assente numa Constituição fundadora e reguladora tanto de toda a sua organização como da relação com os cidadãos e tendente à limitação do poder.
>
> Governo representativo significa a forma de governo em que se opera uma dissociação entre a titularidade e o exercício do poder - aquela radicada no povo, na nação (no sentido revolucionário) ou na coletividade, e este conferido a governantes eleitos ou grupos como representativos da coletividade (de toda a coletividade, e não de estratos ou grupos como no Estado estamental). E é uma forma de governo nova em confronto com a monarquia, com a república aristocrática e com a democracia direta, em que inexiste tal dissociação.

---

[45] O sentido de lei empregado nessa passagem equivale à norma jurídica.

Estado de Direito é o Estado em que, para garantia dos direitos dos cidadãos, se estabelece juridicamente a divisão do poder e em que o respeito pela legalidade (seja mera legalidade formal, seja – mais tarde – a conformidade com valores materiais) se eleva a critério de ação dos governantes.[46]

Dalmo Dallari Abreu ensina que a representatividade parlamentar ganha mais ênfase na República como forma de limitar o poder absolutista, conferido apenas a um indivíduo:[47]

> Durante o século XVIII surgiu a República, simbolizando o Governo Popular. No século seguinte, dando-se mais ênfase à função legislativa e preferindo-se concentrar maior autoridade nos corpos legislativos,[48] como uma garantia contra os governos absolutos, surge o problema da representação.

Com a limitação do poder estatal, mediante a separação dos Poderes preconizada por Montesquieu, além de reconhecimento que a legitimidade do Estado decorre do ordenamento jurídico, chega-se à conclusão de que o poder é de titularidade do povo,[49] uma vez que este que regulamenta as condutas mediante a edição de diplomas normativos, além de ser responsável pela elaboração do documento máximo de organização estatal: a Constituição.

Por conseguinte, foi insculpido o princípio da legalidade em dimensão inversa à lógica privada, pois a Administração Pública só pode agir ou deixar de agir mediante prescrição do ordenamento jurídico, diferentemente dos particulares, que apenas são proibidos de exercer conduta ativa ou omissiva mediante previsão normativa.

---

[46] MIRANDA, Jorge. *Teoria do Estado e da Constituição*. 4. ed. rev. atual. e ampl. Rio de Janeiro: Forense, 2015. p. 33.

[47] DALLARI, Dalmo de Abreu. *Elementos de Teoria Geral do Estado*. 33. ed. São Paulo: Saraiva, 2016. p. 225.

[48] Em igual sentido: BONAVIDES, Paulo. *Teoria Geral do Estado*. 11. ed. rev. atual. e ampl. São Paulo: Malheiros, 2018. p. 346-347.

[49] Importante ressaltar os ensinamentos de Peter Häberle no sentido de que o povo não legitima o poder apenas mediante a escolha dos representantes políticos, e sim deve ser elemento interpretativo para legitimar a hermenêutica constitucional democrática: "'Povo' não é apenas um referencial quantitativo que se manifesta no dia da eleição e que, enquanto tal, confere legitimidade democrática ao processo de decisão. Povo é também elemento pluralista para a interpretação que se faz presente de forma legitimadora no processo constitucional: como partido político, como opinião científica, como grupo de interesse, como cidadão." – HÄBERLE, Peter. *Hermenêutica Constitucional*. Porto Alegre: Sergio Antonio Fabris, 1997. p. 37.

Em termos democráticos formais, como já exposto em passagem anterior, pode-se afirmar que a função administrativa torna-se legítima por meio da: 1) escolha do Chefe da Administração Pública mediante sufrágio livre; e 2) obediência da conduta do titular da função administrativa, subordinada às prescrições normativas editadas pelo Parlamento.

No entanto, o modelo democrático representativo, umbilicalmente ligado aos partidos políticos, foi e ainda é objeto de constantes críticas relacionadas à dissociação das condutas dos representantes políticos com a vontade do titular do poder.

Esse debate data do período anterior à depressão econômica de 1929, no qual se constatou que o liberalismo econômico causava desigualdade social, em parte causada pela defesa de interesses próprios dos representantes eleitos, que atuavam de forma oligárquica, conforme pontua R. C. Van Caenegem:

> O século XX foi tão diferente do anterior que as formas de governo não podiam permanecer inalteradas. O parlamento oligárquico foi posto em causa, assim como a economia capitalista. [...] As reivindicações de participação na direcção da economia, de segurança social e de entrega aos trabalhadores de uma fatia mais justa dos frutos do trabalho não podiam deixar de afectar o liberalismo das classes abastadas de estilo clássico, bem como os governos que o apoiavam.[50]

Dalmo de Abreu Dallari, ao fazer cotejo entre os pontos positivos e negativos da representação partidária, ensina de acordo com o acima exposto, ao enunciar que:

> A crítica aos partidos políticos, que envolve a crítica à própria representação política, tem indicado aspectos favoráveis e negativos. A favor dos partidos argumenta-se com a necessidade e as vantagens do agrupamento das opiniões convergentes, criando-se uma força grupal capaz de superar obstáculos e de conquistar o poder político, fazendo prevalecer no Estado a vontade social preponderante. Além dessa necessidade para tornar possível o acesso ao poder, o agrupamento em partidos facilita a identificação das correntes de opinião e de sua receptividade pelo meio social, servindo para orientar o povo e os próprios governantes.

---

[50] VAN CAENEGEM, R. C. *Uma Introdução Histórica ao Direito Constitucional Ocidental.* Lisboa: Fundação Calouste Gulbenkian, 2009. p. 293.

Contra a representação política, argumenta-se que o povo, mesmo quando o nível geral de cultura é razoavelmente elevado, não tem condições para se orientar em função de ideias e não se sensibiliza por debates em torno de opções abstratas. Assim sendo, no momento de votar são os interesses que determinam o comportamento do eleitorado, ficando em plano secundário a identificação do partido com determinadas ideias políticas. A par disso, os partidos são acusados de se ter convertido em meros instrumentos para a conquista do poder, uma vez que raramente a atuação de seus membros condiz fielmente com os ideais enunciados no programa partidário.[51]

Rubens Beçak leciona que "o debate sobre a representação e os partidos políticos nunca deixou de estar presente. Aliás, não raramente, o questionamento se faz pelo distanciamento entre as vontades (e os "quereres") de representantes e representados".[52]

Além da crise de representatividade que abala a democracia formal, também há que se falar na crise do Estado de Direito no âmbito da função administrativa, pois se verifica que a atividade da Administração Pública é alvo constante de questionamentos em sede contenciosa administrativa ou judicial, o que diminui a legitimidade formal deste Poder Estatal.[53]

Para superar o impasse da democracia formal, necessário se estabelecer critérios de legitimidade para além do Estado de Direito classicamente concebido e da legitimidade do exercício do poder apenas pelo sufrágio. Nesse sentido, Diogo de Figueiredo Moreira Neto define que deve ser incorporado ao Estado Democrático os critérios de participação, eficiência e controle, paradigmas que compõem o pósmodernismo democrático em tempos contemporâneos.[54]

Equilibrados os procedimentos da democracia formal com os valores da democracia material, o Estado goza de estabilidade e cumpre a função definida na Constituição, contudo, a inobservância de uma ou outra concepção democrática faz surgir o que Moreira Neto define por déficit democrático, na exata medida em que:

---

[51] DALLARI, Dalmo de Abreu. *Elementos de Teoria Geral do Estado*. 33. ed. São Paulo: Saraiva, 2016. p. 167.

[52] BEÇAK, Rubens. *Democracia*: Hegemonia e Aperfeiçoamento. São Paulo: Saraiva, 2014. p. 60.

[53] MOREIRA NETO, Diogo de Figueiredo. *O Direito Administrativo no Século XXI*. Belo Horizonte: Fórum, 2018. p. 173.

[54] MOREIRA NETO, Diogo de Figueiredo. *Quatro Paradigmas do Direito Administrativo Pós-Moderno*. Belo Horizonte: Fórum, 2008. p. 20-21.

A harmonização desses conteúdos, de modo a conformarem um só sistema para o governo das sociedades de homens livres, é a tarefa central das Constituições, porque nelas devem ser fixadas as normas básicas de convivência com regramentos distintos e complementares: a regra majoritária, em que se contam quantitativamente as pessoas, e a regra contramajoritária, em que contam qualitativamente os valores.

Ora, se esse sistema é inadequadamente instituído ou inadequadamente observado, gera-se então um déficit democrático na vida de um país, que deverá ser eliminado ou reduzido, pois a sua mera existência já retirará da ordem jurídica constitucionalmente estabelecida, por mais avançada e tecnicamente requintada que possa vir a ser elaborada, a imprescindível autoridade necessária para garantir uma convivência harmoniosa, justa e segura.[55]

O déficit democrático cunhado por Moreira Neto ocorre tanto na deficiente legitimação dos agentes administrativos,[56] assim como na própria atuação administrativa.[57] Isto é, ocorre tanto na clássica conceituação subjetiva de Administração Pública quanto no sentido objetivo desta.[58]

---

[55] MOREIRA NETO, Diogo de Figueiredo. *O Direito Administrativo no Século XXI*. Belo Horizonte: Fórum, 2018. p. 171.

[56] Moreira Neto aponta os seguintes vícios de legitimação dos agentes administrativos: 1) Despreparo dos agentes públicos administrativos, causado por inadequados processos de recrutamento ou de treinamento, como se dá na hipótese de recrutamento para atividades complexas com baixa remuneração; 2) Na impropriedade abusiva de recrutamento de agentes públicos para o desempenho de cargos em comissão (como nas hipóteses tão comumente verificadas de nomeação por nepotismo, amizade pessoal e de contrafavores, sem considerar a capacidade do recrutado, vício este de tão generalizado que chegou a ser objeto nada menos que da edição de uma Súmula Vinculante, pelo Supremo Tribunal Federal, com fundamento no princípio da moralidade administrativa – Súmula Vinculante n. 14); 3) No vício de autoritarismo por parte dos que desempenham funções públicas, atuando como se tratassem, as prerrogativas públicas, de privilégios pessoais; 4) No renitente vício histórico da herança ibérica colonial do patrimonialismo e; 5) Na deficiência dos necessários controles – políticos, técnicos, jurídicos e sociais – a começar pelos internos, sobre a atividade de seus agentes. MOREIRA NETO, Diogo de Figueiredo. Déficit Democrático do Estado Brasileiro (Legislativo e Administrativo). *In*: FREITAS, Daniela Bandeira *et al. Direito Administrativo e Democracia Econômica*. Belo Horizonte: Fórum, 2012. p. 113.

[57] Os vícios de atuação administrativa, para o ilustre Mestre, consistem em: 1) no formalismo e na burocracia excessivos; 2) na prática de arbitrariedade; 3) no preconceito em relação ao administrado; 4) na difundida corrupção; 5) no deficiente ou no mal emprego dos instrumentos de participação cidadã e; 6) na deficiência no emprego dos controles – políticos, técnicos, jurídicos e sociais – sobre a atividade dos agentes administrativos. Idem, p. 113-114.

[58] Acerca da clássica conceituação de Administração Pública, vide: MEIRELLES, Hely Lopes. *Direito Administrativo Brasileiro*. 10. ed. São Paulo: Revista dos Tribunais, 1984. p. 38.

Clèmerson Merlin Clève, em ensaio escrito sobre o relacionamento entre cidadão e Administração Pública, ainda quando a atual Constituição da República tinha um ano de vigência, já apontava para as desconfianças que alguns administradores públicos têmem acerca da participação popular, situação que ainda é constante em tempos atuais, o que reforça a existência do déficit democrático na função administrativa.[59]

Para solucionar a insuficiência democrática no seio da Administração Pública, a doutrina aponta a necessidade de revisar ou transformar institutos basilares do Direito Administrativo, sendo objeto de constante debate a permanência ou abolição do clássico princípio da supremacia do interesse público sobre o interesse particular como norma basilar da atividade administrativa.

1.2 Reflexões acerca do princípio da supremacia do interesse público sobre o interesse particular

1.2.1 A "desconstrução"

Parte da doutrina sustenta ser impossível a existência de um interesse público definido abstratamente, pois em uma sociedade que compõe a Federação Brasileira, marcada pelo pluralismo e diversidade, não há como se definir um interesse público comum, circunstância que se constata diretamente da Constituição da República, notadamente prolixa, analítica e que tem normas com valores antagônicos que estão em constante rota de colisão.

Gustavo Binenbojm esclarece a posição doutrinária acima exposta:

> Tributária de concepções organicistas antigas e modernas, a ideia de existência de um interesse público inconfundível com os interesses pessoais dos integrantes de uma sociedade política e superior a eles não resiste à emergência do constitucionalismo e à consagração dos direitos fundamentais e da democracia como fundamentos de legitimidade e elementos estruturantes do Estado Democrático de Direito.
>
> Também a noção de um princípio jurídico que preconiza a prevalência *a priori* de interesses da coletividade sobre os interesses individuais revela-se absolutamente incompatível com a ideia de Constituição como sistema aberto de princípios, articulados não por uma lógica

---

[59] CLÈVE, Clèmerson Merlin. O cidadão, a administração pública e a nova Constituição. *In: Revista de Informação Legislativa*. Brasília, a. 27, n. 106 abr. jun. 1990. p. 94.

de ponderação proporcional, necessariamente contextualizada, que demanda uma avaliação entre o estado de coisas a ser promovido e os efeitos decorrentes da conduta havida como necessária à sua promoção.[60]

Em igual sentido, são as lições de Rafael Rezende Carvalho Oliveira, colocando que a conceituação *a priori* e abstrata de interesse público revela-se prática estatal de cunho autoritário:

> E isso se dá porque, em verdade, nunca existiram um único "interesse público" tampouco um interesse privado, concebidos abstratamente e de forma cerrada. Muito ao contrário, em uma sociedade pluralista, existem diversos interesses públicos e privados em constante conexão, de modo que, naturalmente, poderão emergir eventuais conflitos entre interesses considerados públicos (ex: a criação de uma hidrelétrica e a necessidade de desmatamento de área florestal de conservação permanente), entre interesses denominados privados (ex: o direito à intimidade e o direito à liberdade de expressão) e entre interesses públicos e privados (ex: a servidão administrativa de passagem estabelecida em imóvel particular para utilização de ambulâncias de determinado nosocômio público).
>
> [...]
>
> É inadmissível a fundamentação da atuação estatal em um abstrato e indecifrável interesse público ("razões de estado") típico de atuações arbitrárias. A juridicidade dos atos estatais deve ser auferida à luz da ordem jurídica, notadamente dos princípios norteadores da atividade administrativa e dos direitos fundamentais. Com isso, cresce a importância da motivação e justificação das atuações administrativas.[61]

Odete Medauar expõe as razões da superação do princípio da supremacia do interesse público sobre o interesse particular, apontando sérias dúvidas se esta norma já existiu em algum momento no Direito Administrativo:

> Em alguns cursos ou manuais de direito administrativo encontra-se a menção ao chamado "princípio" da supremacia do interesse público sobre o interesse privado. Esse "princípio", se algum dia existiu, está ultrapassado, por várias razões, aqui expostas de modo sucinto:
>
> a) Ante a Constituição Federal de 1988, que prioriza os direitos fundamentais, direitos estes essencialmente dos particulares, soa ilógico e

---

[60] BINENBOJM, Gustavo. *Uma Teoria do Direito Administrativo*: Direitos Fundamentais, Democracia e Constitucionalização. 2. ed. rev. atual. Rio de Janeiro: Renovar, 2008. p. 30.

[61] OLIVEIRA, Rafael Rezende Carvalho. *Curso de Direito Administrativo*. 3. ed. São Paulo: Método, 2015. p. 37.

incoerente à diretriz constitucional invocá-lo como princípio do direito administrativo.

b) Mostra-se pertinente à Constituição de 1988 e à doutrina administrativa contemporânea a ideia de que à Administração cabe realizar a ponderação de interesses presentes em determinada situação, para que não ocorra sacrifício *a priori* de nenhum interesse; o objetivo desta função está na busca de compatibilidade ou conciliação dos interesses, com a minimização de sacrifícios.

Até os autores que se aferram a este princípio reconhecem a necessidade de sua "reconstrução", de sua adequação à dinâmica social, de sua adaptação visando à harmonização dos interesses.

c) o princípio da proporcionalidade também matiza o sentido absoluto do preceito, pois implica, entre outras decorrências, a busca da providência menos gravosa, na obtenção de um resultado.

d) Tal princípio não vem indicado na maioria maciça das obras doutrinárias contemporâneas. [...].[62]

A crítica dos autores acima expostos baseia-se no desenho do Estado Democrático de Direito vigente no Brasil, marcado pela constante colisão de interesses positivados constitucional ou infraconstitucionalmente, de modo que se sustenta que não se pode admitir atuação administrativa com fundamentação genérica e calcada em abstração.

Decisões administrativas com emprego de argumentos de autoridade estão em sentido totalmente oposto aos princípios basilares da Administração Pública, previstos no art. 37, da Lei Maior, pois, ainda que se sustente a existência da supremacia do interesse público, por se tratar de conceito jurídico indeterminado de valor, é ônus da Administração Pública demonstrar casuisticamente o que se entende por interesse público na hipótese, através de procedimentos legítimos, sob o ponto de vista jurídico e social.

Vasco Manuel Pascoal Dias Pereira da Silva aponta como marco da Administração Pública do Estado Pós-Social a necessária construção casuística do que se entende por interesse público de forma consensual, com enfoque na importância da participação de grupos da sociedade civil, superando fórmulas unilaterais e autoritárias.[63]

---

[62] MEDAUAR, Odete. *Direito Administrativo Moderno*. 21. ed. rev. atual. e ampl. Belo Horizonte: Fórum, 2018. p. 128.

[63] SILVA, Vasco Manuel Pascoal Dias Pereira da. *Em Busca do Acto Administrativo Perdido*. Coimbra: Almedina, 2016. p. 126.

Nas palavras do célebre Mestre português:

> Relativamente à Administração Pública, a opção por fórmulas de actuação concertadas, assim como a crise da noção autoritária de acto administrativo, vão a par da necessária adaptação das estruturas e dos modelos de organização administrativos. Característicos desta moderna Administração concertada é 'a crescente dificuldade, não só da autónoma definição (abstracta e objectiva) do interesse público, mas especialmente de sua realização pela via autoritária e unilateral. De uma forma crescente, portanto, o interesse público vê-se na necessidade de induzir a colaboração da economia privada e chegar a fórmula de concerto, transacção e cooperação com grupos sociais e agentes privados' (PAREJO ALFONSO).[64]

Humberto Ávila, pioneiro na discussão acerca da existência ou não do princípio em discussão, conclui que este não é uma norma pelas seguintes razões:

> Conceitualmente ele não é uma norma-princípio: ele tem apenas um grau normal de aplicação, sem qualquer referência às possibilidades normativas e concretas;
>
> Normativamente ele não é uma norma-princípio: ele não pode ser descrito como um princípio jurídico-constitucional imanente;
>
> Ele não pode conceitualmente e normativamente descrever uma relação de supremacia: se a discussão é sobre a função administrativa, não pode o interesse público (ou os interesses públicos), sob o ângulo da atividade administrativa, ser descrito separadamente dos interesses privados.
>
> As ponderações feitas tornam também claro que este "princípio não pode ser havido como um postulado explicativo do Direito Administrativo:
>
> - ele não pode ser descrito separada ou contrapostamente aos interesses privados: os interesses privados consistem em uma parte do interesse público;
>
> - ele não pode ser descrito sem referência a uma situação concreta e, sendo assim, em vez de "um princípio abstrato de supremacia" teríamos "regras condicionais concretas de prevalência" (variáveis segundo o contexto).
>
> Dessa discussão orientada pela teoria geral do Direito e pela Constituição decorrem duas importantes consequências. Primeira: não há uma norma-princípio da supremacia do interesse público sobre o particular no

---

[64] Idem, p. 126.

Direito brasileiro. A administração não pode exigir um comportamento do particular (ou direcionar a interpretação das regras existentes) com base nesse "princípio". Aí incluem-se quaisquer atividades administrativas, sobretudo aquelas que impõem restrições ou obrigações aos particulares. Segundo: a única ideia apta a explicar a relação entre interesses públicos e particulares, ou entre Estado e o cidadão, é o segundo postulado da unidade da reciprocidade de interesses, o qual implica uma principial ponderação entre interesses reciprocamente relacionados (interligados) fundamentada na sistematização de outras normas constitucionais.[65]

Em suma, a posição doutrinária acima exposta pronuncia-se pela falta de subsistência do princípio da supremacia do interesse público sobre o interesse particular, por incompatibilidade com o cânone democrático e plural do atual modelo de Estado Democrático de Direito vigente no Brasil.

1.2.2 A "reconstrução"

Em sentido de que se permanece vigente o princípio da supremacia do interesse público, José dos Santos Carvalho Filho, aduzindo que a posição deste é seguida por Maria Sylvia Zanella Di Pietro, Celso Antônio Bandeira de Mello e Lúcia Valle Figueiredo, leciona que o princípio da supremacia do interesse público é corolário do regime democrático, pois se traduz na preponderância do interesse da maioria.

Ainda segundo Carvalho Filho, o princípio necessita de uma reconstrução e não de ser "destruído":[66]

Algumas vozes se têm levantado atualmente contra a existência do princípio em foco, argumentando-se no sentido da primazia de interesses privados com suporte em direitos fundamentais quando ocorrem determinadas situações específicas. Não lhes assiste razão, no entanto, nessa visão pretensamente modernista. Se é evidente que o sistema jurídico assegura aos particulares garantias contra o Estado em certos tipos de relação jurídica, é mais evidente ainda que, como

---

[65] ÁVILA, Humberto. Repensando o "Princípio da Supremacia do Interesse Público sobre o Particular". *In: Revista Eletrônica sobre a Reforma do Estado (RERE).* Salvador, Instituto Brasileiro de Direito Público, n. 11, setembro/outubro/novembro de 2007. Disponível em: http://www.direitodoestado.com.br/rere.asp. Acesso em: 10 jan. 2019.

[66] CARVALHO FILHO, José dos Santos. *Manual de Direito Administrativo.* 31. ed. rev. atual. e ampl. São Paulo: Atlas, 2017. p. 35.

regra, deve respeitar-se o interesse coletivo quando em confronto com o interesse particular. A existência de direitos fundamentais não exclui a densidade do princípio. Este é, na verdade, o corolário natural do regime democrático, calcado, como por todos sabido, na preponderância das maiorias. A "desconstrução" do princípio espelha uma visão distorcida e coloca em risco a própria democracia; o princípio, isto sim, suscita "reconstrução", vale dizer, adaptação à dinâmica social, como já se afirmou com absoluto acerto.[67]

Para Maria Sylvia Zanella Di Pietro, o princípio da supremacia do interesse público convive com os demais direitos fundamentais e não é norma dissociada destes, pois, ao ser aplicado no caso concreto, deve estar em consonância com os demais princípios do Estado brasileiro, razão pela qual seria suficiente para fugir da caracterização autoritária deste.[68]

Nas palavras da ilustre professora:

> O princípio da supremacia do interesse público convive com os direitos fundamentais do homem e não os coloca em risco. Ele encontra fundamento em inúmeros dispositivos da Constituição e tem que ser aplicado em consonância com outros princípios consagrados no ordenamento jurídico brasileiro, em especial com observância do princípio da legalidade. A exigência de razoabilidade na interpretação de qualquer conceito jurídico indeterminado; [sic] atua como método de interpretação do princípio (na medida em que permite a ponderação entre o interesse individual e o público) e não como seu substituto.[69]

Também se encontra na doutrina a manutenção do princípio da supremacia do interesse público, mas que, para tanto, este deve ser reconhecido pela Constituição por Lei, após juízo de ponderação feita pelo legislador, não havendo interesse público presumido ou ilimitado, conforme aponta Lucas Rocha Furtado:

---

[67] Em igual sentido, vide: GABARDO, Emerson *et al.* O Suposto Caráter Autoritário da Supremacia do Interesse Público e das Origens do Direito Administrativo: Uma Crítica da Crítica. *In*: DI PIETRO, Maria Sylvia Zanella *et al.* (Coord.). *Supremacia do Interesse Público e outros temas relevantes do Direito Administrativo*. São Paulo: Atlas, 2010. p. 61.

[68] DI PIETRO, Maria Sylvia Zanella. O Princípio da Supremacia do Interesse Público: Sobrevivência diante dos ideais do Neoliberalismo. *In*: DI PIETRO, Maria Sylvia Zanella *et al.* (Coord.). *Supremacia do Interesse Público e outros temas relevantes do Direito Administrativo*. São Paulo: Atlas, 2010. p. 102.

[69] DI PIETRO, op. cit., p. 102.

Acerca da supremacia do interesse público, a primeira observação a ser feita é no sentido de que não existem interesses públicos presumidos ou ilimitados. Eles somente existem após serem reconhecidos pela Constituição Federal ou por lei como tais, e necessariamente terão limites também fixados pela Constituição ou pela lei.

A segunda observação questiona a legitimidade ou o momento em que é feita a valoração acerca da necessidade de determinados interesses serem elevados à categoria de públicos e de sobreporem a outros interesses, igualmente legítimos. Essa valoração ou definição de hierarquia de interesses é tarefa que cabe ao legislador, ou ao constituinte, não ao administrador público. Cabe à Constituição ou à lei proceder a esse juízo de ponderação e atribuir a alguns interesses supremacia sobre outros. Realizado esse trabalho de ponderação, o legislador irá conferir a determinadas pessoas, sobretudo ao Estado, determinadas prerrogativas públicas, que extrapolam do Direito comum, prerrogativas necessárias à realização desses interesses que foram reconhecidos pelos representantes da população com os mais importantes para o País.[70]

Furtado, para justificar a supremacia do interesse público por meio de previsão na Constituição ou Lei, exemplifica o direito constitucional de desapropriação do Estado, para fins de necessidade, utilidade pública ou interesse social e as ditas cláusulas exorbitantes dos contratos administrativos previstas na Lei n. 14.133/2021.

Carlos Vinícius Alves Ribeiro coloca que a noção de interesse público, enquanto categoria superior, para fins de definição deste conceito jurídico determinado, passa pela obrigatoriedade de positivação no ordenamento jurídico, seja por meio de princípios ou regras:

Reafirma-se, também, neste ponto, algo que parece óbvio. O interesse público só é aquele positivado no ordenamento jurídico, seja ele por regras ou por princípios. Vale dizer, para que o interesse público seja, de fato, superior, é necessário um direito subjetivo específico com ele congruente. Com isso já se fixam as balizas de onde estaria o interesse público. Exatamente no ordenamento jurídico, que pelo princípio democrático entroniza no sistema as aspirações e reclames coletivos. Sendo direto: o "interesse é público quando é "direito".[71]

---

[70] FURTADO, Lucas Rocha. *Curso de Direito Administrativo*. 4. ed. rev. e atual. Belo Horizonte: Fórum, 2013. p. 77.

[71] RIBEIRO, Carlos Vinícius Alves. Interesse Público: um conceito jurídico determinável. *In*: DI PIETRO, Maria Sylvia Zanella *et al.* (Coord.). *Supremacia do Interesse Público e outros temas relevantes do Direito Administrativo*. São Paulo: Atlas, 2010. p. 117.

Em consonância com o acima transcrito, Carlos Ari Sundfeld[72] ensina que o interesse público tem essa qualidade também por estar previsto na ordem jurídica, mas critica o termo supremacia, largamente empregado pela doutrina administrativista, porque a palavra supremacia, para o ilustre Mestre, fornece a ideia de estar acima de tudo, inclusive do ordenamento jurídico:

> Insistimos em que, para a ordem jurídica, o interesse público tem apenas prioridade em relação ao privado; não é, porém, supremo frente a este. Supremacia é a qualidade do que está acima de tudo. O interesse público não está acima da ordem jurídica; ao contrário, é esta que o define e protege como tal.[73]

A doutrina majoritária, conforme já adiantado, mantém como válida a existência do princípio da supremacia do interesse público sobre o interesse particular. Contudo, como bem alertado por Carvalho Filho, o princípio necessita ser reconstruído e lido de acordo com o atual Estado Democrático de Direito.

A colocação de que o interesse público, para ostentar supremacia, deve ter previsão normativa ostenta legitimidade democrática, pois foi prioridade elencada pelo povo, através do Parlamento. Contudo, em especial, as lições de Furtado deixaram lacunas na existência de prioridades administrativas que estejam diante de mais de um interesse que o Administrador possa interpretar como interesse público, pois o respeitado Professor aponta que não é tarefa do administrador ponderar a respeito se determinado interesse é público e merece prevalecer sobre outro, função que cabe ao Parlamento, enquanto representante da sociedade.

Com base no arranjo doutrinário supracitado, é possível sustentar a existência de interesses públicos previamente definidos pelo legislador, interesses estes consistentes em prerrogativas que colocam

---

[72] A posição de Carlos Ari Sundfeld é pela existência do princípio: "A existência do Estado é justificada pela necessidade de atender a certos interesses coletivos, que os indivíduos isolados não podem alcançar. Estes interesses, cuja realização é atribuída ao Estado, chamam-se interesses públicos, por oposição aos interesses privados, titularizados pelos particulares. O direito, como seria de esperar, qualifica os primeiros como mais relevantes que os segundos, e o faz conferindo-lhes prioridade no confronto com estes. Quando se chocam, o interesse público tem preferência sobre o privado. Isso não significa que os interesses privados não tenham proteção jurídica; certamente a têm, mas menos intensa que a dada ao interesse público". Cf. SUNDFELD, Carlos Ari. *Fundamentos de Direito Público*. 5. ed. São Paulo: Malheiros, 2017. p. 154.

[73] SUNDFELD, op. cit., p. 154.

o Estado em posição de superioridade em relação ao particular e têm a finalidade de atender ao bem da coletividade, para consecução de políticas públicas que possibilitem a concretização dos direitos fundamentais normatizados na Constituição.

1.2.3 Convergência entre as correntes doutrinárias: a necessidade de ponderação

Inobstante o respeito ao debate doutrinário supracitado, percebe-se que toda a celeuma relacionada à existência ou não de um interesse público supremo *a priori* não tem muita razão prática, porque ambas as correntes doutrinárias têm como fundamento a necessidade de se ponderar acerca da existência de interesses públicos concretos, de acordo com as diretrizes fundamentais elencadas pela Constituição da República de 1988.[74]

Enquanto os defensores da "desconstrução" ou inexistência do princípio da supremacia do interesse público sustentam que existem mais de um valor erigido à norma constitucional que pode ser categorizado como "interesse público", o que se torna inviável falar na existência de apenas um único interesse público supremo, a corrente defensora da manutenção do princípio em discussão aponta que o Parlamento tem o dever de normatizar valores que serão erigidos à categoria de interesse público, podendo este ser supremo ou prioritário, em relação à outra norma apenas em juízo de ponderação.

Ambas as correntes concluem: 1) pela inexistência de interesse público *a priori*; e 2) pela necessidade do dever de ponderação para categorizar o valor como interesse público apto a priorizar a atividade administrativa na consecução e concretude das políticas públicas eleitas como prioridade constitucional.

Nesse sentido, Gustavo Binenbojm, contrário à ideia do princípio da supremacia do interesse público, assim leciona:[75]

---

[74] Aponta-se que para a corrente que defende a existência do princípio da supremacia do interesse público, conforme acima apontado, há os que defendem que a ponderação para dar prioridade a determinado interesse ou qualificá-lo como público é tarefa do legislador constituinte ou infraconstitucional e não do administrador público, conforme já explicado a partir da lição de Lucas Rocha Furtado anteriormente citada, bem como os que defendem que o dever de ponderar também faz parte da atividade administrativa, conforme se verifica também da lição já citada de Maria Sylvia Zanella Di Pietro.

[75] BINENBOJM, op. cit., p. 31.

O reconhecimento da centralidade do sistema de direitos fundamentais instituídos pela Constituição e a estrutura pluralista e maleável dos princípios constitucionais inviabiliza a determinação *a priori* de uma regra de supremacia absoluta dos interesses coletivos sobre os interesses individuais ou dos interesses públicos sobre os interesses privados. A fluidez conceitual inerente à noção de interesse público, aliada à natural dificuldade em sopesar quando o atendimento do interesse público reside na própria preservação dos direitos fundamentais (e não na sua limitação em prol de algum interesse contraposto da coletividade) impõe à Administração Pública o dever jurídico de ponderar os interesses em jogo, buscando a sua concretização até um grau máximo de otimização.

Luís Roberto Barroso, que defende a existência de duas categorias de interesses públicos, o primário, que são os valores fundamentais da coletividade, e o secundário, relacionado aos interesses e direitos da própria pessoa jurídica de direito público interno, também pontifica pela existência do dever de ponderação em caso de conflito entre normas qualificadas como interesse público:

> Em relação a este tema, deve-se fazer, em primeiro lugar, a distinção necessária entre interesse público (i) primário – isto é, o interesse da sociedade, sintetizado em valores como justiça, segurança e bem-estar social – e (ii) secundário, que é o interesse da pessoa jurídica de direito público (União, Estados e Municípios), identificando-se com o interesse da Fazenda Pública, isto é, do erário. Pois bem: o interesse público secundário jamais desfrutará de uma supremacia *a priori* e abstrata em face do interesse particular. Se ambos entrarem em rota de colisão, caberá ao intérprete proceder à ponderação desses interesses, à vista dos elementos normativos e fáticos relevantes para o caso concreto.[76]

Para Barroso, que defende a existência de interesses públicos definidos pelo legislador, é necessário verificar qual a intensidade dos valores em conflito, conforme a classificação de interesse público primário ou secundário. Em sendo secundário, não haverá proteção *a priori* do interesse público.

Todavia, o respeitado Mestre, por raciocínio inverso, acaba por defender a supremacia apriorística dos interesses públicos classificados como primários, o que também não se coaduna com os valores

---

[76] BARROSO. Luís Roberto. A constitucionalização do direito e suas repercussões no âmbito administrativo. *In*: ARAGÃO Alexandre dos Santos *et al*. (Coord.). *Direito Administrativo e seus novos paradigmas*. Belo Horizonte: Fórum, 2012. p. 49.

democráticos e plurais da Constituição da República, uma vez que pode haver conflito entre dois princípios classificados como interesse público primário ou conflito entre interesse público primário e interesse particular.

No conflito de interesses públicos primários com interesses particulares, há uma prioridade conferida aos primeiros, mas esta não é absoluta, pois os interesses privados gozam da mesma proteção jurídica conferida aos interesses públicos, ainda que menos intensa em relação a estes, conforme ensina Carlos Ari Sundfeld.[77]

Para chamar a atividade de ponderação no conflito mencionado no parágrafo anterior, deve-se analisar casuisticamente a natureza e relevância dos bens jurídicos envolvidos, notadamente quando a atividade administrativa for de cunho restritiva, conforme ensina Humberto Ávila.[78]

Para o citado Mestre, a respeito da ponderação na atividade administrativa:

> Não se está a negar a importância jurídica do interesse público. Há referências positivas em relação a ele. O que deve ficar claro, porém, é que, mesmo nos casos em que ele legitima uma atuação estatal restritiva específica, deve haver uma ponderação relativamente aos interesses privados e à medida de sua restrição. É essa ponderação para atribuir máxima realização aos direitos envolvidos o critério decisivo para a atuação administrativa. E antes que esse critério seja delimitado, não há cogitar sobre a referida supremacia do interesse público sobre o particular.[79]

À guisa de conclusão parcial, é inegável o exercício da ponderação na função administrativa contemporânea, haja vista que a execução das políticas públicas levada a cabo pela Administração Pública constantemente deságua em um ambiente de tensão entre direitos fundamentais, que demanda do gestor público a realização de escolhas e eleição de prioridades por meio da técnica acima estudada.

---

[77] SUNDFELD, Carlos Ari. *Fundamentos de Direito Público*. 5. ed. São Paulo: Malheiros, 2017. p. 154.

[78] ÁVILA, Humberto. Repensando o "Princípio da Supremacia do Interesse Público sobre o Particular". *In*: *Revista Eletrônica sobre a Reforma do Estado (RERE)*. Salvador, Instituto Brasileiro de Direito Público, n. 11, setembro/outubro/novembro de 2007. Disponível em: http://www.direitodoestado.com.br/rere.asp. Acesso em: 10 jan. 2019.

[79] Idem.

1.2.4 O dever de ponderação na Lei n. 13.655/2018

A polêmica utilização de normas vagas ou conceitos jurídicos indeterminados como argumento de autoridade ou de forma apriorística, além da insegurança jurídica na interpretação das normas de direito público pelos órgãos de controle, bem como a insuficiência democrática nas tomadas de decisões administrativas, motivou a alteração da Lei de Introdução das Normas de Direito Brasileiro (LINDB) pela Lei n. 13.655/2018.

Fruto do Projeto de Lei n. 7.448/2017, que buscou trazer diretrizes gerais interpretativas para o Direito Público, a recente legislação, segundo Alexandre dos Santos Aragão, tem três grandes eixos:

> 1) a segurança jurídica de cidadãos e empresas diante de opiniões flutuantes do Estado, que a cada momento interpreta as normas de uma maneira;
>
> 2) permitir que os administradores públicos atuem com maior eficiência, sem temer serem punidos por adotarem uma interpretação plausível, mas que não era a única plausível; e
>
> 3) democratizar e aumentar a transparência da Administração Pública ao prever, por exemplo, consultas públicas antes de editar atos normativos, obrigatoriedade de motivação em relação às consequências dos seus atos e busca de consensualidade.[80]

As alterações inseridas na LINDB, no tocante às normas de Direito Público, são frutos de constante debate doutrinário e jurisprudencial a respeito da conformação do Direito Administrativo ao Estado Democrático de Direito e a uma sociedade aberta e plural, o que em certo seria até desnecessário, pois são condutas interpretativas comezinhas que todo gestor público ou órgão de controle deveria obedecer.[81]

---

[80] ARAGÃO, Alexandre dos Santos. *Alterações na LINDB modernizam relações dos cidadãos com os particulares*. Disponível em: https://www.conjur.com.br/2018-abr-13/alexandre-aragao-alteracoes-lindb-modernizam-relacoes-estado. Acesso em: 10 jan. 2019.

[81] Esta é a posição de Fernando Facury Scaff: "Em um país onde fossem respeitadas as leis e os atos administrativos, esse PL seria desnecessário. Mas o Direito é um produto cultural, e labora sobre a realidade existente, o que torna o PL não só relevante, mas também necessário. Mesmo o debate jurídico que se vê ao longo dos últimos dias sobre esse PL é visceral, quase como uma tomada de posição teológica, entre os bons e os maus.". SCAFF, Fernando Facury. Quem controla o controlador? Considerações sobre as alterações na Lindb. *Revista Consultor Jurídico*, 17 de abril de 2018. Disponível em: https://www.conjur.com.br/2018-abr-17/quem-controla-controlador-notas-alteracoes-lindb. Acesso em:10 jan. 2019.

Em relação à temática enfrentada, pois outras abordagens da alteração legislativa serão tratadas nas seções pertinentes, a LINDB passou a vigorar com o art. 20, que contém a seguinte redação:

> Art. 20. Nas esferas administrativa, controladora e judicial, não se decidirá com base em valores jurídicos abstratos sem que sejam consideradas as consequências práticas da decisão.
>
> Parágrafo único. A motivação demonstrará a necessidade e a adequação da medida imposta ou da invalidação de ato, contrato, ajuste, processo ou norma administrativa, inclusive em face das possíveis alternativas.

O novel artigo 20 resumiu o posicionamento do legislador em relação a duas discussões doutrinárias já aqui expostas: 1) vedação de utilização de conceitos jurídicos indeterminados como argumento de autoridade; e 2) incorporação do dever de ponderação na atividade decisória do gestor público.[82]

Em sede regulamentar, o Presidente da República editou o Decreto n. 9.830/2019, com a finalidade de regulamentar o art. 20, da LINDB, ocasião em que dedicou um artigo para esclarecer o que se entende por valor jurídico abstrato, conforme se verifica do disposto no art. 3º:

> Art. 3º. A decisão que se basear exclusivamente em valores jurídicos abstratos observará o disposto no art. 2º e as consequências práticas da decisão.
>
> § 1º. Para fins do disposto neste Decreto, consideram-se valores jurídicos abstratos aqueles previstos em normas jurídicas com alto grau de indeterminação e abstração.
>
> § 2º. Na indicação das consequências práticas da decisão, o decisor apresentará apenas aquelas consequências práticas que, no exercício diligente de sua atuação, consiga vislumbrar diante dos fatos e fundamentos de mérito e jurídicos.
>
> § 3º. A motivação demonstrará a necessidade e a adequação da medida imposta, inclusive consideradas as possíveis alternativas e observados os critérios de adequação, proporcionalidade e de razoabilidade.[83]

---

[82] Ao mencionar a necessidade de motivar a necessidade e adequação na decisão administrativa, o legislador adotou o postulado da proporcionalidade cunhado por Robert Alexy como método de ponderação de interesses conflitantes.

[83] Há que notar uma redundância no art. 3º, §3º, pois o dispositivo mencionou duas vezes a "adequação" e menciona uma vez a proporcionalidade, o que seria, até certo ponto, desnecessário, pois ambos estão inseridos no postulado da proporcionalidade, que é

As normas em comento incorporam na atividade administrativa a observância do postulado da proporcionalidade como técnica decisória elementar e método de solução de conflito de princípios, notadamente na problemática envolvendo a colisão de duas normas qualificáveis como normas de "interesse público".

Humberto Ávila define o postulado da proporcionalidade como:

> Relação entre meio e fim – A proporcionalidade constitui-se em um postulado normativo aplicativo, decorrente do caráter principial das normas e da função distributiva do Direito, cuja aplicação, porém, depende do imbricamento entre bens jurídicos e da existência de uma relação meio/fim intersubjetivamente controlável.[84]

O postulado da proporcionalidade divide-se na análise de três critérios: 1) adequação; 2) necessidade; e 3) proporcionalidade em sentido estrito.

Para Ávila, adequação "exige uma relação empírica entre o meio e o fim: o meio deve levar à realização do fim. Isso exige que o administrador utilize um meio cuja eficácia (e não o meio, ele próprio) possa contribuir para a promoção gradual do fim".[85]

Por conseguinte, a necessidade consiste na: "verificação de existência de meios alternativos àquele inicialmente escolhido pelo Poder Legislativo ou Poder Executivo, e que possam promover igualmente o fim sem restringir, na mesma intensidade, os direitos fundamentais afetados".[86]

No que tange à proporcionalidade em sentido estrito, para Ávila: "O exame da proporcionalidade em sentido estrito exige a comparação entre a importância da realização do fim e a intensidade da restrição aos direitos fundamentais".[87]

Constata-se que os três pressupostos do postulado da proporcionalidade estão presentes no art. 20. Apesar de não haver menção expressa à proporcionalidade em sentido estrito, esta pode ser extraída da locução "consequências práticas da decisão".

---

dividido nos subcritérios da necessidade, adequação e proporcionalidade em sentido estrito.

[84] ÁVILA, Humberto: *Teoria dos Princípios*. 12. ed. ampl. São Paulo: Malheiros, 2011. p. 174.

[85] Idem, p. 177.

[86] Idem, p. 182.

[87] Idem, p. 185.

1.3 O processo administrativo e a administração pública consensual

O Direito Administrativo, nos primórdios, tinha por finalidade a regulamentação de serviços públicos e o estudo dos atos administrativos necessários para regulamentar a intervenção na coletividade nos mais variados campos sociais e respectivos efeitos.[88] Caracteriza-se por ser uma função estatal de natureza concreta e executora das diretrizes fixadas pelas normas editadas pelo Parlamento.

Para Duguit, "enquanto função administrativa, o Estado consuma atos jurídicos, isto é, intervindo nos limites do direito objetivo, cria situações jurídicas subjetivas ou efetiva providências, gerando uma situação legal ou objetiva".[89]

Com o paradigma liberal adotado após o término dos regimes absolutistas, a finalidade da função administrativa tinha viés de atuação abstencionista e as parcas intervenções estatais eram calcadas em um viés de Estado de Polícia, apenas para garantir que o gozo de um direito por um indivíduo não interferisse na esfera jurídica de outrem.

A concepção liberal da função administrativa, com o distanciamento e abstenção do Estado na seara particular como regra, guarda relação com a própria cisão inicial dos conceitos de direito público e de direito privado, pois, para Norberto Bobbio, enquanto o direito privado é oriundo da natureza, com bases fundamentais na propriedade privada e no contrato, o direito público:

> É o direito que emana do Estado, constituído sobre a supressão do estado de natureza, e portanto é o direito positivo no sentido próprio da palavra, o direito cuja força vinculatória deriva da possibilidade de que seja exercido em sua defesa o poder coativo pertencente de maneira exclusiva ao soberano.[90]

Inobstante a queda do regime absolutista, o núcleo central da definição de ato administrativo no regime do Estado liberal ainda permaneceu marcado por traços de autoritarismo, mudando apenas aspectos conceituais para adaptar-se ao então atual regime, conforme ensina Vasco Manuel Pascoal Dias Pereira da Silva:

---

[88] DUGUIT, Léon. *Fundamentos do Direito*. 3. ed. São Paulo: Martin Claret, 2009. p. 101-102.

[89] Idem, p. 78.

[90] BOBBIO, Norberto. *Estado, Governo, Sociedade*. Fragmentos de um dicionário político. São Paulo: Paz & Terra, 2017. p. 21.

Como muito certeiramente observou Otto Mayer, o Direito Constitucional passa, o Direito Administrativo permanece, o que, aplicado à noção clássica de acto administrativo, permite explicar a sua longevidade e, mesmo, a sua sobrevivência no Estado social. No sistema de Otto Mayer, o conceito central era o de acto administrativo – uma manifestação da Administração autoritária e soberana que determina o que deve valer como direito para o súbdito, e uma tal construção sobreviveu à mudança do modelo de Estado para qual foi concebida, continuando a ser habitual nos dias de hoje, substituída a desactualizada expressão de súbdito pela de destinatário ou lesado.[91]

Com os acontecimentos históricos do início do Séc. XX, notadamente os movimentos sociais da classe operária por melhores condições de trabalho e a Grande Depressão da economia dos Estados Unidos da América iniciada em 1929, a clássica dicotomia entre domínio público e domínio privado necessitou ser revista e o Estado, enquanto organização política da sociedade, passou a atuar em domínios até então de natureza privada, como forma de equilibrar as relações desiguais existentes entre indivíduos, em especial àquelas relacionadas à concentração de riqueza e dos meios produtivos.

Acerca da transformação da atividade administrativa, Agustín Gordillo, ao refletir sobre a realidade argentina, ensina que:[92]

> Ainda não tendo resolvido os problemas de direito administrativo recebidos do passado e, portanto, sendo no presente anacrônico em muitos aspectos, acontece ainda mais que um futuro intenso e cheio de mudanças se aproxima, para o qual este ramo da lei é preparado com etapas incertas. O Estado, cuja função administrativa é regular, está junto com a sociedade em constante devir e as mudanças que ele sofre é claramente perceptível, como as mudanças que são tentadas através das estruturas herdadas do passado.

> A transformação em países como o nosso parece ser intermediária: é ensaiada com formas embrionárias de planejamento, certos setores de produção são incorporados ao setor público do Estado; é tomada em função do Estado a intervir na distribuição da riqueza; a ideia de propriedade é adotada na função social como objetivo, embora ainda esteja longe de ser realizado.

---

[91] SILVA, Vasco Manuel Pascoal Dias Pereira da. *Em Busca do Acto Administrativo Perdido.* Coimbra: Almedina, 2016. p. 69.

[92] GORDILLO, Agustín Alberto. *Tratado de derecho administrativo y obras selectas*: teoría general del derecho administrativo. Buenos Aires: Fundación de Derecho Administrativo, 2013. p. 45.

Com diferentes modalidades e particularidades, é evidente em qualquer caso um abandono progressivo do conceito economicamente liberal de Estado, do conceito liberal de propriedade privada e do papel abstencionista da administração, simultaneamente com uma tentativa de reavaliar a liberdade contra o poder. É uma tentativa árdua e complexa, cuja análise no nível do direito administrativo é incipiente.[93]

O eminente jurista argentino coloca com maestria a necessidade de transformação do paradigma estatal, frente às demandas sociais vividas pelo até então Estado Liberal, pontuando a necessidade de se enfrentar os problemas presentes com estruturas novas, pois, conforme o ensinamento posto, há tentativa de mudanças, mas se utilizando estruturas do passado, o que em muitos casos não se coaduna com os tempos vigentes, o que inclusive coaduna com o pensamento de Vasco Manuel Pascoal Dias Pereira da Silva, acerca da manutenção da concepção clássico-liberal do ato administrativo para o Estado Social, além da clara menção que os ordenamentos constitucionais mudam, mas a estrutura administrativa acaba por permanecer e em muitos casos sendo "adaptada" para a nova realidade da organização política.

Em face dessa mudança de paradigma da função administrativa no Estado Social, uma vez que a Administração Pública passou a desenvolver atividades concretas prestacionais e satisfativas, para além da limitação de direitos fundamentais com supedâneo em um bem coletivo típico do Estado Liberal, ou como defende Vasco Manuel Pascoal Dias Pereira da Silva, a Administração deixou de ser agressiva para passar a ser prestadora ou constitutiva:[94]

---

[93] Nossa tradução para: *"No habiendo solucionado todavía el derecho administrativo los problemas recibidos del pasado, y siendo su presente por lo tanto anacrónico en muchos aspectos, ocurre aún más que se acerca a él un futuro intenso y lleno de cambios, para los cuales esta rama del derecho se prepara con pasos inciertos. El Estado cuya función administrativa se trata de regular, se encuentra junto con la sociedad en un constante devenir, y se advierten claramente tanto los cambios que él mismo sufre, como los cambios que a través de él se intentan introducir en las estructuras heredadas del pasado.*

La transformación en países como el nuestro parece ser intermedia: Se ensaya con formas embrionarias de planificación, se incorporan al sector público del Estado sectores determinados de la producción; se toma como función del Estado la de intervenir en la distribución de la riqueza; se adopta la idea de la propiedad en función social como meta, aunque está distante aún de concretarse. Con distintas modalidades y particularidades, se evidencia en todo caso un progresivo abandono del concepto económicamente liberal del Estado, del concepto liberal de propiedad privada, y del rol abstencionista de la administración, simultáneamente con un intento de revalorizar la libertad frente al poder. Es un intento arduo y complejo, cuyo análisis a nivel del derecho administrativo es incipiente."

[94] SILVA, op. cit., p. 74.

A mudança de modelo de Estado implicou, sobretudo, transformações ao nível da função administrativa. Já que, num Estado que se tornou social, a Administração, até então, apenas considerada como agressiva dos direitos dos particulares, vai ser entendida como o principal instrumento de realização das novas funções e de satisfação das novas necessidades que são, agora, atribuídas ao Estado. Assim, a Administração passa de agressiva a prestadora ou constitutiva, e essa sua nova função torna-se a principal característica do Estado Social que é, necessariamente, um Estado de Administração.

E em consequência da aproximação do Estado com as demandas da sociedade, por meio da nova roupagem da função administrativa, houve a quebra da divisão entre as demandas estatais e demandas sociais, pois o vínculo entre Estado e sociedade passou a ser de interdependência e colaboração, rompendo com o paradigma liberal do Estado-Polícia.

Nas palavras do Mestre português: "O relacionamento entre a Administração e os particulares já não é mais entendido como um confronto episódico e fugaz de entidades contrapostas, mas antes uma relação continuada e duradoura entre partes cooperantes".[95]

Nesse sentido, leciona Gordillo a respeito da aproximação do povo nas deliberações administrativas no Estado Social:

> Anteriormente exposto sobre a crescente intervenção do Estado na economia, que também é intervenção no processo social, eu pensaria *prima facie* em um estado exagerado em detrimento das liberdades individuais. Não é exatamente assim: por um lado, alguns direitos individuais tradicionais sofrem ataques - propriedade, comércio, indústria; por outro lado, outros direitos individuais nem sempre em vigor na sociedade tentam adquirir a existência através da ação do Estado. (O postulado da igualdade e a consequente supressão das desigualdades sociais e econômicas existentes.) Mas não é só isso: nasce também uma concepção diferente da ordem social, na qual sociedade política e a administração que a dirige deveriam receber a influência de concepções de força renovada. O império da autoridade de que ocasionalmente exerce poder; [sic] não mais satisfaz a voz de comando. Agora estamos tentando obter uma parceria participativa no sentido mais amplo da palavra: participação nos benefícios da sociedade, Participação na tomada de decisão do poder. Os esquemas clássicos da democracia representativa não são rejeitados, mas são postulados como insuficiente: É necessário criar formas novas e adicionais de participação

---
[95] Idem, p. 76.

do povo no poder, para que sua influência não se limite à eleição dos candidatos. Assim, múltiplos canais de participação política aparecem, nem todos que foram aceitos ou introduzidos em sistemas políticos e administrativos em vigor, mas isso necessariamente terá que sê-los com o passar do tempo.[96]

E nesta lógica de relação de interdependência do relacionamento entre Estado e particular estabelecida pelo Estado Social, também se torna importante a participação popular, por meio de procedimento administrativo colaborativo com a tomada de decisão administrativa, ou possibilitando ao particular influenciar na formação do ato decisório:

> A valorização do procedimento administrativo, ligado à ideia de participação dos cidadãos no processo de tomada de decisões (também) leva ao estabelecimento de ligações continuadas entre a Administração e os particulares. Como adiante se estudará, por intermédio do procedimento administrativo, em vez de um encontro pontual e efémero entre a Administração e o administrado, constitui-se uma relação duradoura, em que privados e autoridades administrativas são chamados a colaborar na formação e na tomada de decisões administrativas.[97]

O enfoque da atividade administrativa no procedimento, além de possibilitar o exercício da democracia direta na atividade administrativa, também confere legitimidade democrática à função administrativa na exata medida em que permite o controle do *iter* das formações estatais no atual contexto em que o Estado intervém de forma maciça na Sociedade, conforme ensina Celso Antônio Bandeira de Mello:

> Seu relevo decorre do fato de ser um meio apto a controlar o *iter* de formação das decisões estatais, o que passou a ser um recurso extremamente necessário a partir da multiplicação e do aprofundamento das ingerências do Poder Público sobre a Sociedade.[98]

Em arremate, Bandeira de Mello pontifica:

> Uma vez que a "vontade" administrativa do Estado é formada na sequência que se denomina "procedimento administrativo", discipliná-lo é

---

[96] GORDILLO, op. cit., p. 47-48.

[97] SILVA, op. cit., p. 76-77.

[98] BANDEIRA DE MELLO. Celso Antônio. *Curso de Direito Administrativo.* 27. ed. rev. atual. São Paulo: Malheiros, 2010. p. 494.

o meio idôneo para mantê-la sob controle. Assim, antes que desemboque em sua conclusão final — antes, pois, de se fazer eventualmente gravosa a alguém —, pode-se zelar por seu correto e prudente encaminhamento.[99]

Acerca da importância da democracia participativa na Administração Pública, Juarez Freitas pontifica:

> Acolhido este prisma de realce da democracia participativa, útil lembrar, por exemplo, o papel das audiências públicas, obrigatórias para a validade de determinadas resoluções regulatórias. Pode-se, ainda, aludir o [sic] caráter vinculante do princípio da democracia participativa, no campo. O inegável é a relevância da participação (sem prejuízo das competências constitucionais), no processo de escolhas públicas e na execução das prioridades eleitas.
>
> Portanto, mostra-se crítico construir uma agenda administrativa democrática. Apta a, com senso de inovação, consolidar a participação da cidadania. A democracia representativa, ao que tudo indica, sozinha, não levará a termo a série de reformas desburocratizantes da gestão pública, tarefa que demanda o contrapoder participativo, inversamente proporcional à delegação exacerbada.[100]

Assim, afirma-se que a atividade administrativa, com enfoque na democracia material, deixa de ser centrada no ato administrativo e passa a abarcar todo o procedimento administrativo como instrumento de legitimidade imediata à função administrativa,[101] de modo a conferir a participação popular na ação administrativa, seja na qualidade de interessado, buscando uma atuação concreta da Administração Pública, ou na qualidade de cidadão, opinando e influindo nas decisões administrativas gerais[102][103] com a finalidade de obtenção de consenso na aplicação e execução de políticas públicas que se traduzem em conceitos jurídicos indeterminados.

---

[99] Idem, p. 497.

[100] FREITAS, Juarez. *O Controle dos Atos Administrativos e os princípios fundamentais.* 5. ed. rev. e ampl. São Paulo: Malheiros, 2013. p. 369.

[101] MOREIRA NETO, Diogo de Figueiredo. *Novas Mutações Juspolíticas:* em memória de Eduardo Garcia Enterría, jurista de dois mundos. Belo Horizonte: Fórum, 2016. p. 166.

[102] Idem, p. 166.

[103] Para Thiago Marrara: "A processualização se fortalece exatamente na medida em que a sociedade e o mercado passam a se preocupar intensamente com a forma, o conteúdo e o impacto das decisões estatais.". MARRARA, Thiago. Princípios do processo administrativo. *Revista da Faculdade de Direito, Universidade de São Paulo,* São Paulo, 7(1), 85-116. Disponível em: https://doi.org/10.11606/issn.2319-0558.v7i1p85;116. Acesso em: 5 jun. 2020.

CAPÍTULO 2

AUDIÊNCIAS E CONSULTAS PÚBLICAS NA ADMINISTRAÇÃO PÚBLICA

2.1 Audiências e consultas públicas: participação *uti socius* ou *uti cives*

A partir do reconhecimento da conformação da atividade administrativa aos cânones da democracia material, entendida esta pela observância às normas de alta carga axiológica e à legitimidade do procedimento mediante a difusão e participação dos cidadãos na formação da vontade administrativa, diretamente ou influindo no convencimento do gestor público, ganha especial atenção da doutrina administrativista o estudo dos mecanismos de consenso da vontade popular com a vontade da Administração Pública.[104]

A participação popular, na Administração Pública, pode ocorrer tanto de forma concreta quanto de forma abstrata, de acordo com as lições de Eduardo García Enterría.[105] Para o saudoso Mestre ibérico, a participação individual em procedimento em curso na Administração Pública no qual o administrado é interessado e está na defesa de direitos próprios caracteriza-se por participação *uti singuli*.[106] Por conseguinte, a participação individual em procedimento administrativo que visa estabelecer regras ou decisão administrativa dotada de generalidade ou abstração entende-se como participação *uti socius ou uti cives*, pois

---

[104] BINENBOJM, Gustavo. *Uma Teoria do Direito Administrativo:* Direitos Fundamentais, Democracia e Constitucionalização. 2. ed. rev. atual. Rio de Janeiro: Renovar, 2008. p. 77.

[105] ENTERRÍA, Eduardo Garcia de *et al. Curso de Direito Administrativo.* São Paulo: Revista dos Tribunais, 1990. p. 799.

[106] Idem, p. 799.

nesta hipótese o administrado insere-se no procedimento apenas pelo fato de ser atingido pelo interesse geral, sem liame prévio e direto com a atividade administrativa.[107]

Enterría subdivide a participação popular *uti socius ou uti cives* em duas categorias: 1) participação orgânica;[108] e 2) participação funcional.[109]

A participação orgânica entende-se como "a inserção dos cidadãos, enquanto tais (não, pois, enquanto funcionários ou políticos), em órgãos formalizados de entidades administrativas".[110] [111]

Por vez, a participação funcional, nas lições do saudoso Mestre dos dois mundos, pressupõe a colaboração do cidadão[112] sem haver vínculo eletivo ou decorrente de *múnus* públicos com a Administração Pública (como pressupõe a participação orgânica), apenas em função de fazer parte do povo.[113]

Enterría apresenta uma relação de atividades, não exaustivas, que configuram a participação funcional, tal como a participação em informações públicas[114] e outras ligadas aos controles da gestão pública (ex: propositura de ações populares e direito de petição).[115]

---

[107] Idem, p. 799.

[108] Idem, p. 802.

[109] Idem, p. 807.

[110] Idem, p. 802.

[111] No ordenamento jurídico brasileiro, pode-se citar como hipótese de participação orgânica na Administração Pública a reserva de assento, mediante eleição ou designação, de cidadãos para ocupar vagas em conselhos (ex: Conselho Nacional do Meio Ambiente, regido pelo Decreto n. 9.806/2019; Conselho de Saúde, previsto no art. 1º, II, §2º, da Lei n. 8.142/1990).

[112] O conceito de cidadão de Enterría deve ser ampliado para abranger não apenas as pessoas naturais, mas pessoas jurídicas ou entes despersonalizados que tenham representatividade adequada de grupos de pessoas com interesse em contribuir com a atividade administrativa.

[113] ENTERRÍA, Eduardo Garcia de et al. *Curso de Direito Administrativo*. São Paulo: Revista dos Tribunais, 1990. p. 807.

[114] Segundo as lições do Mestre espanhol, a participação em informações públicas consiste na hipótese em que: "A Administração faz público um projeto determinado e suscita de maneira explícita um convite aos cidadãos para que julguem e o valorem e submetam suas proposições sobre o mesmo com anterioridade a sua aprovação definitiva. É assim um procedimento de suscitar a formulação de demandas sociais sobre matéria de que se trate, de medir, de maneira prévia, os possíveis interesses que possam resultar afetados, a provisão de aceitações ou de repulsas que possa suscitar um projeto, o conhecimento de eventuais alternativas que possam aparecer como preferíveis. Não é infrequente a institucionalização desta técnica: em matéria de formulação de anteprojetos de leis e regulamentos estatais (art. 130, 5, LPA) e de estatutos e regulamentos locais (art. 109, LRL) de elaboração e aprovação de planos de urbanismo e instrumentos complementares (art. 41, LS, 116, 125 e correlativos do Regulamento de Planejamento urbanístico de 1978, de aprovação de Orçamentos Locais (art. 682, LRL), etc., p. 807-808.

[115] Idem, p. 807-808.

Para Patrícia Baptista, o ponto de maior relevo na atual conformação da atividade administrativa é justamente no exercício da cidadania coletiva, ou nos modelos de participação que viabilizem o *status activae civitatis*, apesar de ressaltar que os dois modelos de participação são necessários para a conformação da atuação administrativa democrática e viabilizadora dos direitos fundamentais.[116]

José Joaquim Gomes Canotilho ensina que: "a democracia é um processo dinâmico inerente a uma sociedade aberta e activa, oferecendo aos cidadãos a possibilidade de desenvolvimento integral, liberdade de participação crítica no processo político".[117]

A participação funcional, ou *uti cives*, pode ser compreendida em três momentos distintos na relação entre indivíduo e Administração Pública: 1) na fase pré-procedimental, com o acesso à informação da política pública a ser elaborada;[118] 2) durante o procedimento da elaboração da política pública,[119] com a oportunidade de manifestação dos administrados por meio das audiências e das consultas públicas; e 3) após a decisão administrativa, pelo acesso ao conteúdo da decisão proferida e pela utilização dos instrumentos repressivos de controle conferidos ao Administrado, de acordo com as colocações e definições de Enterría, anteriormente exploradas.

Sem negar a relevância aos instrumentos de controle na modalidade repressiva, tais como o direito de petição e às ações constitucionais, como a Ação Popular, ambas garantias fundamentais e cláusulas pétreas eternizadas no art. 5º, XXXIV, "*a*", e LXXIII, guarda importância digna de nota a participação popular durante o procedimento de formação da política pública, em regra materializadas pelas audiências e consultas públicas, sem excluir outras possibilidades de participação.[120]

As audiências e consultas públicas são procedimentos previstos na legislação de Direito Administrativo que aproximam o indivíduo, diretamente ou por meio de entidade com representatividade adequada,

---

[116] BAPTISTA, Patrícia. *Transformações do Direito Administrativo*. Rio de Janeiro: Renovar, 2003. p. 131.

[117] CANOTILHO, José Joaquim Gomes. *Direito Constitucional*. 6. ed. rev. Coimbra: Almedina, 1993. p. 416.

[118] SALGADO, Eneida Desiree. *Lei de Acesso à Informação*: Comentários à Lei n. 12.527/2011 e ao Decreto 7,724/2012. São Paulo: Atlas, 2015. p. 3 e HEINEN, Juliano. *Comentários à Lei de Acesso à Informação*. 2. ed. rev. e atual. Belo Horizonte: Fórum, 2015. p. 24.

[119] SAAD, Amauri Feres. *Regime Jurídico das Políticas Públicas*. São Paulo: Malheiros, 2016. p. 136.

[120] CARVALHO FILHO, José dos Santos. *Processo Administrativo Federal*: Comentários à Lei n. 9.784/99. 5. ed. rev. e atual. São Paulo: Atlas, 2013. p. 186.

da atividade administrativa, permitindo opinar ou debater com outros indivíduos ou com a própria Administração Pública acerca da elaboração de política pública de interesse geral.

Estes instrumentos, notadamente a audiência pública,[121] fomentam o debate na fase procedimental, no momento de construção da decisão administrativa, ocasião que tende a acarretar maior legitimidade, porque confere a possibilidade de confronto entre diversos pontos de vista, sejam convergentes ou antagônicos, que necessariamente deverão ser enfrentados pelo gestor público na fase decisória, pois, conforme ensina Marçal Justen Filho: "É necessário, por isso, assegurar formalmente a divergência e o dissenso como meio de produzir decisões mais satisfatórias e compatíveis com uma organização democrática do poder".[122]

Com a ampla aceitação da legitimação da atividade administrativa pelo procedimento, supera-se o mito da obrigatoriedade de processo administrativo para os casos de existência de litígio ou acusação na via administrativa para se obter a existência de processo administrativo para a obtenção de decisão administrativa, como forma de viabilizar a participação *uti cives* do cidadão desde a fase de elaboração até a fase da execução da política pública,[123] inclusive apontando a conveniência da instauração do processo administrativo de participação, que, segundo Ricardo Marcondes Martins, é composto pela instauração de audiências e consultas públicas no curso para subsidiar a tomada de decisão pelo gestor público.[124]

2.1.1 Conceitos e distinção

A atuação administrativa com enfoque no procedimento coloca os meios de oitiva do administrado em plano de destaque e como objetivo de sê-lo ouvido em relação à eventual decisão que lhe afete.[125]

---

[121] Conforme será explicado no tópico 2.1.1 Conceitos e Distinções.

[122] JUSTEN FILHO, Marçal. O Direito Administrativo de espetáculo. *In*: ARAGÃO, Alexandre dos Santos de; MARQUES NETO, Floriano de Azevedo (Coord.). *Direito Administrativo e seus novos paradigmas*. Belo Horizonte: Fórum, 2012. p. 84.

[123] MARTINS, Ricardo Marcondes. Teoria (neo)constitucional do ato administrativo. *In*: DI PIETRO, Maria Sylvia Zanella; MOTTA, Fabrício (Coord.). *O Direito Administrativo nos 30 anos da Constituição*. Belo Horizonte: Fórum, 2018. p. 156.

[124] Idem, p. 156.

[125] BANDEIRA DE MELLO. Celso Antônio. *Curso de Direito Administrativo*. 27. ed. rev. atual. São Paulo: Malheiros, 2010. p. 497.

CAPÍTULO 2
AUDIÊNCIAS E CONSULTAS PÚBLICAS NA ADMINISTRAÇÃO PÚBLICA | 67

Em se tratando da instauração de procedimento administrativo para a formulação ou execução de política pública, o destinatário da decisão será toda a coletividade, ocasião em que o ordenamento jurídico deve oferecer institutos para colher a oitiva dos interessados, de forma individual ou representados por entidades.

No ordenamento jurídico brasileiro, há dois instrumentos que permitem a manifestação do administrado no curso de processo administrativo de interesse geral:[126] a audiência pública e a consulta pública. Há diversos diplomas normativos que estabelecem a realização destes procedimentos participativos para a tomada da decisão administrativa,[127] mas, de forma genérica, os institutos estão dispostos no art. 31 e 32 da Lei n. 9.784/1999 – Lei do Processo Administrativo Federal:[128]

---

[126] CARVALHO FILHO, José dos Santos. *Processo Administrativo Federal*: Comentários à Lei n. 9.784/99. 5. ed. rev. e atual. São Paulo: Atlas, 2013. p. 186.

[127] Lei n. 14.133/2021, art. 21; Lei n. 10.257/2001, art. 2º, XIII; Lei n. 8.080/1990, art. 19-R, §1º, IV.

[128] As normas gerais para utilização de audiência e consulta públicas previstas na Lei do Processo Administrativo Federal tem sido replicadas idêntica ou em semelhança ao modelo federal, a título de comparação: art. 28 e 29 da Lei n. 10.177/1998 – Lei do Processo Administrativo do Estado de São Paulo: "Artigo 28 - Quando a matéria do processo envolver assunto de interesse geral, o órgão competente poderá, mediante despacho motivado, autorizar consulta pública para manifestação de terceiros, antes da decisão do pedido, se não houver prejuízo para a parte interessada.
§ 1.º - A abertura da consulta pública será objeto de divulgação pelos meios oficiais, a fim de que os autos possam ser examinados pelos interessados, fixando-se prazo para oferecimento de alegações escritas.
§ 2.º - O comparecimento à consulta pública não confere, por si, a condição de interessado no processo, mas constitui o direito de obter da Administração resposta fundamentada.
Artigo 29 - Antes da tomada de decisão, a juízo da autoridade, diante da relevância da questão, poderá ser realizada audiência pública para debates sobre a matéria do processo; Lei n. 5.427/2009 – Lei do Processo Administrativo do Estado do Rio de Janeiro: Art. 27. Quando a matéria do processo envolver assunto de interesse geral, o órgão competente poderá, mediante despacho motivado, abrir período de consulta pública para manifestação de terceiros, antes da decisão do pedido, se não houver prejuízo para a parte interessada.
§1º A abertura da consulta pública será objeto de divulgação pelos meios oficiais, a fim de que pessoas físicas ou jurídicas possam examinar os autos do processo, bem como a documentação posta à disposição pelo órgão competente, fixando-se prazo para o oferecimento de alegações escritas, que deverão ser consideradas pela Administração.
§2º O comparecimento de terceiro à consulta pública não confere, por si só, a condição de interessado no processo, mas atribui-lhe o direito de obter da Administração resposta fundamentada, que poderá ser comum para todas as alegações substancialmente iguais.
Art. 28. Antes da tomada de decisão, a juízo da autoridade, diante da relevância da questão, poderá ser realizada audiência pública para debates sobre a matéria do processo; Lei n. 2.794/2003 – Lei do Processo Administrativo do Estado do Amazonas – arts. 31 e 32: Art. 31. Quando a matéria do processo envolver assunto de interesse geral, o órgão competente poderá, mediante despacho motivado, abrir período de consulta pública para manifestação de terceiros, antes da decisão do pedido, se não houver prejuízo para a parte interessada.

Art. 31. Quando a matéria do processo envolver assunto de interesse geral, o órgão competente poderá, mediante despacho motivado, abrir período de consulta pública para manifestação de terceiros, antes da decisão do pedido, se não houver prejuízo para a parte interessada.

§ 1º A abertura da consulta pública será objeto de divulgação pelos meios oficiais, a fim de que pessoas físicas ou jurídicas possam examinar os autos, fixando-se prazo para oferecimento de alegações escritas.

§ 2º O comparecimento à consulta pública não confere, por si, a condição de interessado do processo, mas confere o direito de obter da Administração resposta fundamentada, que poderá ser comum a todas as alegações substancialmente iguais.

Art. 32. Antes da tomada de decisão, a juízo da autoridade, diante da relevância da questão, poderá ser realizada audiência pública para debates sobre a matéria do processo.

Também há dispositivo normativo genérico relacionado às consultas públicas, este de alcance nacional, previsto no art. 29, da LINDB, com as alterações promovidas pela Lei n. 13.655/2018:

Art. 29. Em qualquer órgão ou Poder, a edição de atos normativos por autoridade administrativa, salvo os de mera organização interna, poderá ser precedida de consulta pública para manifestação de interessados, preferencialmente por meio eletrônico, a qual será considerada na decisão.

§ 1º. A convocação conterá a minuta do ato normativo e fixará o prazo e demais condições da consulta pública, observadas as normas legais e regulamentares específicas, se houver.

2.1.1.1 Consultas Públicas: conceito e alcance

Segundo o magistério de José dos Santos Carvalho Filho, a consulta pública:

---

§ 1º A abertura da consulta pública será objeto de divulgação no Diário Oficial do Estado e jornal de grande circulação, a fim de que pessoas físicas ou jurídicas possam examinar os autos, fixando-se prazo para oferecimento de alegações escritas.

§ 2º O comparecimento à consulta pública não confere, por si, a condição de interessado do processo, mas confere o direito de obter da Administração resposta fundamentada, que poderá ser comum a todas as alegações substancialmente iguais.

Art. 32. Antes da tomada de decisão, a juízo da autoridade, diante da relevância da questão, poderá ser realizada audiência pública para debates sobre a matéria do processo."

É o meio de participação pública através do qual a Administração permite a manifestação de terceiros no processo administrativo, seja eles pessoas físicas ou jurídicas, quando nele estiver em discussão matéria de interesse geral (art. 31).

A consulta pública representa a participação de terceiros no exercício de sua cidadania, de forma a que possam os indivíduos opinar sobre determinado assunto geral. Consultar tem o sentido de pedir opinião, ouvir, compulsar. A norma legal via exatamente obter de indivíduos isoladamente ou de segmentos da coletividade seu opinamento sobre referidas questões.[129]

Para Gustavo Justino de Oliveira:

> Ao lado da audiência pública, a consulta pública é mecanismo de participação popular na Administração pública previsto na Lei federal n. 9.784/99, diploma legislativo que regula o processo administrativo no âmbito da Administração Pública Federal. Segundo o art. 31 da Lei Federal de Processo Administrativo, "quando a matéria do processo envolver assunto de interesse geral, o órgão competente poderá, mediante despacho motivado, abrir período de consulta pública para manifestação de terceiros, antes da decisão do pedido, se não houver prejuízo para a parte interessada".
>
> Porque inserida na fase processual de instrução, a finalidade primordial da realização das consultas públicas é, sob o ponto de vista da Administração Pública, a de angariar por escrito ou por via eletrônica – mas sempre em momento anterior à tomada de decisão administrativa que envolva interesse geral – informações consideradas essenciais ou indispensáveis para o adequado tratamento da matéria.[130]

De acordo com o arcabouço doutrinário acima mencionado, coloca-se que a consulta pública funciona como meio de instrução de processo administrativo de interesse geral, consistente na apresentação de manifestação, por meio físico ou eletrônico, de pessoa natural ou jurídica acerca da matéria objeto do procedimento administrativo.

---

[129] CARVALHO FILHO, José dos Santos. *Processo Administrativo Federal*: Comentários à Lei n. 9.784/99. 5. ed. rev. e atual. São Paulo: Atlas, 2013. p. 186.

[130] OLIVEIRA, Gustavo Justino de. Comentários ao art. 29 da LINDB. *In*: DA CUNHA FILHO, Alexandre Jorge Carneiro; ISSA, Rafael Hamze; SCHWIND, Rafael Wallbach (Coord.). *Lei de Introdução às Normas do Direito Brasileiro - Anotada*. São Paulo: Quartier Latin, 2018. p. 454.

Carvalho Filho, ao explicitar o conceito e alcance da consulta pública na Lei do Processo Administrativo Federal, aponta para eventual dificuldade de conceituação da expressão "interesse geral", pressuposto da abertura da consulta pública, por se tratar de conceito jurídico indeterminado.[131] Para solucionar o entrave interpretativo, o respeitado Mestre aponta que a expressão "interesse geral" deve ser compreendida como interesse coletivo ou transindividual, o que se coaduna com a atual concepção de interesse público primário, definido como o interesse da coletividade.[132]

Em relação à consulta pública prevista no art. 29, da LINDB, fruto da alteração levada a cabo pela Lei n. 13.655/2018, o pressuposto da manifestação é permitir a participação popular na formulação de atos normativos expedidos pela Administração Pública.[133]

Todavia a própria norma ressalva que está excluído do objeto da consulta pública da LINDB os atos de mera organização interna, o que reforça a argumentação de que a intenção do legislador é destinar a utilização deste instrumento de participação popular para os interesses da coletividade, haja vista que atos de mera organização interna são classificados como interesse público secundário.

Além de a matéria ter "interesse geral", a consulta pública também apresenta como pressuposto, pela literalidade do art. 31, da Lei do Processo Administrativo Federal, a "ausência de prejuízo para a parte interessada", o que se caracteriza pressuposto negativo e só deverá ser verificado caso se trate de processo de cunho individual de repercussão coletiva, pois nos processos administrativos cuja matéria é essencialmente transindividual (ex: questões ambientais) não há que se falar em um interessado.

Assim, firma-se como pressuposto para a consulta pública a necessidade de que a matéria objeto do procedimento administrativo que queira se utilizar desse instrumento de participação popular tenha alcance transindividual e esteja dentro do conceito de interesse público primário.

---

[131] CARVALHO FILHO, op. cit., p. 187.

[132] Acerca da conceituação de interesse público e da existência ou inexistência de interesses públicos apriorísticos, remete-se o leitor às reflexões expostas na primeira seção desta dissertação.

[133] OLIVEIRA, op. cit., p. 455.

2.1.1.2 Audiência pública: conceito e alcance

A audiência pública, para Carvalho Filho:

> É a forma de participação popular pela qual determinada questão relevante, objeto de processo administrativo, é sujeita a debate público e pessoal por pessoas físicas ou representantes de entidades da sociedade civil. Encontra-se no art. 32 a previsão desse instrumento participativo.
>
> A audiência pública tem por fundamento o mesmo sobre o qual descansa a consulta pública: o interesse público de ver debatido tema cuja relevância ultrapassa as raias do processo administrativo e alcança a própria coletividade.[134]

Segundo Diogo de Figueiredo Moreira Neto, a audiência pública consiste em:

> Um instrumento de participação administrativa aberta a indivíduos e a grupos sociais determinados, visando à legitimidade da ação administrativa, formalmente disciplinada em lei, pela qual se exerce o direito de expor tendências, preferências e opções que possam conduzir o Poder Público a uma decisão de maior aceitação consensual.[135]

Por conseguinte, Antonio do Passo Cabral: "A audiência pública é uma reunião aberta em que a autoridade responsável colhe da comunidade envolvida suas impressões e demandas a respeito de um tema que será objeto de decisão administrativa".[136]

O cerne da audiência pública é a presença da oralidade[137] e da dialeticidade, marcada através da oportunidade conferida pela

---

[134] CARVALHO FILHO, José dos Santos. *Processo Administrativo Federal*: Comentários à Lei n. 9.784/99. 5. ed. rev. e atual. São Paulo: Atlas, 2013. p. 192.

[135] MOREIRA NETO, Diogo de Figueiredo. *Direito da participação política legislativa, administrativa, judicial*: fundamentos e técnicas constitucionais da democracia. Rio de Janeiro: Renovar, 1992. p. 129.

[136] CABRAL, Antonio do Passo. Os efeitos processuais da audiência pública. *In*: *Boletim Científico da Escola Superior do Ministério Público da União*. N. 24 e n. 25. Disponível em: http://boletimcientifico.escola.mpu.mp.br/boletins/boletim-cientifico-n.-24-e-n.-25-julho-dezembro-de-2007-1/os-efeitos-processuais-da-audiencia-publica. Acesso em: 8 mar. 2020.

[137] Agustín Gordillo define a oralidade como princípio essencial da audiência pública: "El debate en la audiencia pública debe, por su propia naturaleza, ser oral e informal, pero lógicamente ordenado por el órgano que preside la audiencia.". GORDILLO, Agustín Alberto. *Tratado de derecho administrativo y obras selectas* -Tomo 2, La defensa del usuário y del administrado. Buenos Aires: Fundación de Derecho Administrativo, 2014. p. 459.

Administração Pública aos participantes do ato de exporem opiniões antagônicas ou convergentes entre estes ou entre estes e a Administração Pública, pois, no prosseguir das lições de Carvalho Filho:

> Através desse mecanismo, a Administração também atua de forma democrática, permitindo que indivíduos, por si ou como representantes de entidades, manifestem publicamente sua opinião sobre o assunto. A ideia é a de que, com o maior número de opinamentos, uns de apoio, outros de objeção, se forme um conflito de natureza dialética e se proporcione à Administração uma visão geral do problema diante dos vários enfoques que a matéria possa comportar.[138]

De serventia semelhante à consulta pública, a audiência pública também funciona como meio de instrução de processo administrativo cuja matéria tratada nos autos tenha relevância, sendo esta o pressuposto que autoriza a autoridade, antes de proferir decisão no procedimento administrativo, a determinar a realização de audiência pública.

Acerca da expressão "relevância da matéria", Carvalho Filho também delimita como interesse coletivo,[139] assim como nas consultas públicas. Gustavo Justino de Oliveira, ao escrever acerca das audiências públicas quando a Lei do Processo Administrativo Federal ainda era projeto de lei, também delimita o campo de atuação para convocação das audiências públicas para os diretos coletivos.[140]

Todavia, Carvalho Filho distingue a "relevância da matéria", pressuposto da audiência pública, da expressão "interesse geral", condição de realização da consulta pública na medida em que:

> A ideia de "relevância" aqui deve relacionar-se com a de interesse coletivo de reconhecida importância. Não basta que haja interesse geral; é importante que a decisão no processo possa realmente influir na esfera de interesse de outras pessoas na coletividade.[141]

A distinção das expressões por Carvalho Filho carece de um marco bem-delimitado, conforme se visualiza das lições apontadas.

---

[138] CARVALHO FILHO, José dos Santos. *Processo Administrativo Federal*: Comentários à Lei n. 9.784/99. 5. ed. rev. e atual. São Paulo: Atlas, 2013. p. 193.

[139] Idem, p. 193.

[140] OLIVEIRA, Gustavo Justino de. *Direito Administrativo Democrático*. Belo Horizonte: Fórum, 2010. p. 26.

[141] CARVALHO FILHO, José dos Santos. *Processo Administrativo Federal*: Comentários à Lei n. 9.784/99. 5. ed. rev. e atual. São Paulo: Atlas, 2013. p. 193.

Em nosso entender, a expressão "relevância da matéria", além de trazer o significado de um direito transindividual, também aponta para a necessidade do gestor público enxergar de forma prévia a existência de interesses coletivos contrastantes, seja entre Administração e particular ou entre grupo de particulares, pois como a audiência pública é caracterizada por um processo dialético, o dissenso é característica essencial do ato e de relevância significativa[142] para que haja amplo debate acerca da matéria objeto de participação popular e que se busque, pelo consenso e por motivação adequada, o interesse público primário aplicável à espécie.

2.1.1.3 Distinções procedimentais

A partir das conceituações propostas antes e guardada a seme-lhança que a audiência pública e a consulta pública têm idêntica finalidade, consistente em aproximar o administrado, diretamente ou representado por entidades, na tomada da decisão administrativa, há distinções no âmbito do procedimento que permitem diferenciar cada modalidade tratada.

A consulta pública, conforme a delimitação supracitada, consiste na formulação de opinião pelo administrado por meio de manifestação em meio físico ou meio eletrônico sobre determinado tema que a Administração Pública convocou a participação de terceiros, desde que a matéria tenha interesse geral.

Nesta hipótese, a participação popular esgota-se com o pronunciamento popular emitido na via física ou eletrônica, sem haver oportunidade de debate ou confronto com o posicionamento prévio da Administração Pública ou de outros particulares, caracterizando-se por ser procedimento popular com caráter predominantemente estático.

No que tange à audiência pública, de acordo com o destacado anteriormente, faz parte deste procedimento de participação popular a oralidade e dialeticidade, sendo bem-vinda a existência do dissenso inicial,[143] ocasião que se caracteriza como um procedimento dinâmico em busca da formação de consenso entre interesses contrastantes.

---

[142] CABRAL, op. cit.
[143] CABRAL, op. cit.

Carvalho Filho assim leciona:

> Podem-se admitir dois aspectos diferenciais entre esses instrumentos. O primeiro diz respeito à abrangência da participação. Na consulta, os intervenientes terão, como regra, algum interesse pertinente à matéria discutida no processo; na audiência pública, a sessão é realmente pública, ou seja, dela poderão participar quaisquer pessoas, tenham ou não interesse direto relacionado ao assunto relevante objeto da discussão. É na audiência pública que mais forme se faz sentir a cidadania e os direitos políticos, entre eles o de participar da formação volitiva da Administração Pública.
>
> O outro aspecto concerne à sessão em que a matéria é debatida. Configura-se ela como essencial à audiência pública e, em consequência, exige que haja designação prévia de data e local. Ao contrário, a natureza da consulta pública não comporta a realização de qualquer sessão.[144]

No que tange à primeira distinção apontada pelo Mestre acima citado, o art. 31, da Lei do Processo Administrativo Federal, e o art. 29, da LINDB, não dão margem interpretativa para afirmar que a participação popular em consulta pública indique, como regra, a existência de interesse pertinente na matéria posta sob consulta. Pela literalidade das normas, pode a pessoa natural ou jurídica emitir opinião em procedimento administrativo com consulta pública instaurada ainda que não tenha interesse, seja direto ou institucional, com o objeto da futura deliberação administrativa.

Em relação à segunda distinção citada, acerca da necessidade de realização de sessão para a audiência pública, os ensinamentos do Mestre Carvalho Filho reforçam a construção acima desenvolvida, no sentido de diferenças procedimentais dinâmica e estática entre a audiência pública e a consulta pública.

2.2 Finalidade da participação popular na formação do ato administrativo

A finalidade da audiência pública e da consulta pública pode ser encarada pelo prisma jurídico, pelo prisma instrutório ou pelo prisma sociológico.

---

[144] CARVALHO FILHO, José dos Santos. *Processo Administrativo Federal*: Comentários à Lei n. 9.784/99. 5. ed. rev. e atual. São Paulo: Atlas, 2013. p. 193.

2.2.1 Prisma jurídico: condição de validade do procedimento e decisão administrativa

Na acepção jurídica, a audiência pública ou a consulta pública podem funcionar como condição de validade do procedimento administrativo, de modo que a não realização ou realização deficiente poderá acarretar a invalidação da deliberação administrativa e dos atos subsequentes às formas de manifestação popular.[145]

Contudo, para que funcione como condição de validade da deliberação administrativa, a realização da participação popular, por meio de consultas ou audiências públicas, deve constar como obrigatória na norma procedimental, a exemplo do que dispõe o art. 19, III, da Lei n. 9.472/1997, e art. 22, §2º, da Lei n. 9.985/2000:[146]

> **Lei n. 9.472/1997 – Lei Geral de Telecomunicações**
>
> Art. 19. À Agência compete adotar as medidas necessárias para o atendimento do interesse público e para o desenvolvimento das telecomunicações brasileiras, atuando com independência, imparcialidade, legalidade, impessoalidade e publicidade, e especialmente:
>
> [...]
>
> III - elaborar e propor ao Presidente da República, por intermédio do Ministro de Estado das Comunicações, a adoção das medidas a que se referem os incisos I a IV do artigo anterior, <u>submetendo previamente a consulta pública as relativas aos incisos I a III;</u>[147]

> **Lei n. 9.985/2000 – Lei do Sistema Nacional de Unidades de Conservação – SNUC**
>
> Art. 22. As unidades de conservação são criadas por ato do Poder Público. [...]

---

[145] FIGUEIREDO, Lucia Valle. Instrumentos da Administração Consensual. A audiência pública e sua finalidade. *In*: *Revista de Direito Administrativo*. v. 230, 2002. Disponível em: http://bibliotecadigital.fgv.br/ojs/index.php/rda/article/view/46344/45115. Acesso em: 13 mar. 2020.

[146] A regra geral no ordenamento jurídico brasileiro aponta que a convocação das audiências públicas e consultas públicas fica a cargo da discricionariedade do gestor público. A hipótese de obrigatoriedade de audiência pública prevista na Lei Geral de Licitações e Contratos Administrativos e a hipótese de obrigatoriedade de consulta pública prevista na Lei Geral de Telecomunicações e Lei do SNUC podem ser encaradas como exceção no ordenamento jurídico pátrio, conforme será melhor explanado no item 2.3.1 desta seção.

[147] Grifos nossos.

§ 2º A criação de uma unidade de conservação <u>deve ser precedida de estudos técnicos e de consulta pública</u>[148] que permitam identificar a localização, a dimensão e os limites mais adequados para a unidade, conforme se dispuser em regulamento.

Para Gustavo Justino de Oliveira:

> Desde que obrigatória, a realização da audiência pública será condição de validade do processo administrativo em que está inserida. Caso não implementada, ao arrepio da determinação legal, o processo estará viciado, e a decisão administrativa correspondente será inválida.[149]

Havendo imperativo legal que determine a obrigação da manifestação popular, pode-se definir, em termos jurídico-positivos, que a realização da audiência ou da consulta pública tornará o procedimento e a decisão válida sob o prisma puramente normativo, utilizando-se a concepção de democracia kelseniana já abordada anteriormente.[150]

2.2.2 Prisma instrutório

De acordo com as legislações já expostas no decorrer deste estudo acerca das audiências e consultas públicas, notadamente às que regulamentam os processos administrativos em geral nos entes da Federação Brasileira, constata-se que o instituto está situado no capítulo "Da instrução".[151]

A partir do próprio arcabouço normativo já estudado, pode-se concluir que estes procedimentos de manifestação popular, por antecederem a decisão administrativa, têm por finalidade a instrução de procedimento administrativo que conste matéria de interesse transindividual.

Para Gustavo Justino de Oliveira, a audiência pública, quando realizada na fase instrutória, tem como finalidade: "possibilitar uma ampla instrução do feito. Logo, tem um forte sentido informativo, tanto para Administração, quanto para os cidadãos".[152]

---

[148] Grifos nossos.

[149] OLIVEIRA, Gustavo Justino de. *Direito Administrativo Democrático*. Belo Horizonte: Fórum, 2010. p. 29.

[150] KELSEN, Hans. *A Democracia*. 6. ed. São Paulo: Martins Fontes, 2000. p. 142.

[151] Lei n. 9.784/99 – Capítulo X; Lei Estadual 2.794/2003 – Capítulo X (Estado do Amazonas); Lei Estadual n. 10.177/98 – Título IV - Capítulo I – Seção III (Estado de São Paulo).

[152] OLIVEIRA, Gustavo Justino de. *Direito Administrativo Democrático*. Belo Horizonte: Fórum, 2010. p. 28.

Ao discorrer sobre a consulta pública prevista na LINDB, Gustavo Justino de Oliveira também ressalta a finalidade instrutória:

> Porque inserida na fase processual de instrução, a finalidade primordial da realização de consultas públicas é, sob o ponto de vista da Administração pública, a de angariar por escrito ou por via eletrônica – mas sempre em momento anterior à tomada de decisão administrativa que envolva assunto de interesse geral – informações consideradas essenciais ou indispensáveis para o adequado tratamento da matéria. Obviamente o objetivo visado com a consulta pública é o de melhor instruir o processo administrativo, e viabilizar a tomada de uma decisão administrativa dotada de conteúdo de melhor qualidade e alinhamento aos anseios e interesses gerais da população, respectivamente imprimindo-lhe maior eficiência e responsividade.[153]

Gordillo, ao tratar da audiência pública no procedimento administrativo no Direito Argentino, coloca como característica basilar desta a instrução, pois, segundo o Mestre, cabe ao presidente da audiência pública, após o encerramento dos debates, dirigir questionamento aos expositores, com a finalidade de ter mais esclarecimentos acerca dos pontos e do direito em debate.[154]

Eduardo Fortunato Bim aponta que a finalidade instrutória é o principal escopo das audiências públicas, ao afirmar que: "geralmente, ela serve para instruir o processo administrativo visando subsidiar a decisão administrativa para um resultado mais afinado com as necessidades sociais".[155]

Ao discorrer sobre o tema, Bim indica que a função das audiências públicas também é informativa, com base nas lições de Gustavo Justino de Oliveira[156] e Paulo Affonso Leme Machado,[157] apesar de que esse caráter informativo endógeno (que ocorre dentro do ato da audiência pública) está longe de ser a gênese da participação popular estudada pelo respeitado Mestre, pois, ao ressaltar e consagrar a

---

[153] OLIVEIRA, op. cit., p. 454.

[154] GORDILLO, op. cit., p. 460.

[155] BIM, Eduardo Fortunato. *Audiências Públicas*. 6. ed. São Paulo: Revista dos Tribunais 2014. p. 71-72.

[156] Gustavo Justino de Oliveira, em obra já citada nesta seção, aponta para o caráter informativo duplo, pois "De um lado, propiciam a obtenção de dados por parte do cidadão; de outro, habilitam o órgão administrativo "decididor", tornando-o apto a emitir um provimento mais acertado e mais justo, pois estabelece um maior conhecimento acerca da situação subjacente à decisão administrativa.". OLIVEIRA, op. cit., p. 28.

[157] BIM, op. cit., p. 73.

finalidade instrutória, assim pontifica: "Mas exercer esse duplo papel informativo está longe de fazer com que isso seja parte de sua gênese, que é de colher a opinião do cidadão, trazendo ao Estado elementos para melhor decidir".[158]

2.2.3 Prisma sociológico

As audiências e consultas públicas, além de permitir que o gestor público possa municiar-se de subsídios e informações relevantes para a tomada da decisão, através da ponderação de argumentos plurais e contrastantes, o que caracteriza a finalidade instrutória do ato, também se aponta a existência de escopo sociológico, como passará a ser debatido nesta oportunidade.

Ao se oportunizar a manifestação popular no procedimento administrativo, seja por imperativo legal ou por juízo discricionário do gestor público, o Estado, por meio da função administrativa, abre as portas, confere assento e voz aos verdadeiros titulares do poder: o povo, para que este possa dialogar acerca das demandas e necessidades públicas com os representantes estatais.

Antonio do Passo Cabral corrobora com o raciocínio acima construído, ao pontuar que:

> Sem embargo, no Estado Democrático de Direito, não basta a observância da legalidade. Deve haver constante e diário retorno à vontade popular, permitindo-se, com diversos mecanismos de consulta pública, que o verdadeiro titular do poder estatal oxigene, democrática e pluralisticamente, a atividade de seus representantes. A busca pela legitimidade das decisões estatais perpassa então pela noção de democracia deliberativa, exercida por meio do debate público entre os diversos setores sociais envolvidos.[159]

A função administrativa, em virtude de sua gênese ligada aos ideais da Revolução Francesa e necessária redução do poder do Rei Absolutista, ficou por tempos refém da ideia de legalidade estrita, calcada no "Estado de Direito". No cenário pós-Segunda Guerra Mundial, Diogo de Figueiredo Moreira Neto lembra que a atual qualificação do Estado, entendido como Estado Democrático de Direito,

---

[158] Idem, p. 74.
[159] CABRAL, op. cit.

incluindo todas as funções ali inseridas, passa pelo juízo de legalidade ("De Direito"), mas também de legitimidade (ao conter o adjetivo "Democrático)".[160]

O saudoso Mestre ensina que:

> O Direito, como a Ciência da convivência valiosa, não poderia deixar de refletir essas mudanças, a começar por seu próprio conceito, retemperando e redivivo pelo valor da legitimidade, e em sua aplicação, pelo advento de uma nova hermenêutica, temperada e humanizada pela transigência, pela flexibilidade e, sobretudo, pela possibilidade de ponderação justificada de valores, desenvolvida nas sociedades culturalmente plurais que se difundem planetariamente.[161]

Eduardo Fortunato Bim destaca, a partir de reflexão acerca do art. 32, da Lei do Processo Administrativo Federal, que a audiência pública, em especial, gira em torno de debates,[162] de modo que é de se admitir a eficácia sociológica na adoção deste instrumento de participação popular, haja vista que ele confere ao gestor público visão plural às problemáticas que normalmente a Administração Pública enfrenta com uma visão única ou a partir de concepções pré-estabelecidas.

Bim ressalta também que a participação popular está dentro da modalidade de controle-fiscalização pela sociedade, o que reforça o caráter sociológico destes atos participativos.[163]

Paulo Otero destaca a participação dialógica, por meio dos mecanismos de diálogo entre Administração Pública e administrado, como requisito fundamental para a construção conjunta do interesse público que deve permear a consecução das políticas públicas a cargo da função administrativa.[164]

Para Otero:

> A participação dialógica, alicerçada numa concretização de mecanismos de diálogo entre a Administração e os destinatários de suas decisões, fazendo estes contribuir com a sua visão de interesse público para o procedimento, transportando também os seus interesses próprios para

---

[160] MOREIRA NETO, Diogo de Figueiredo. *Quatro Paradigmas do Direito Administrativo Pós-Moderno*. Belo Horizonte: Fórum, 2008. p. 42.

[161] MOREIRA NETO, op. cit., p. 47.

[162] BIM, op. cit., p. 75.

[163] Idem, p. 45.

[164] OTERO, Paulo. *Direito do Procedimento Administrativo*. Volume I. Coimbra: Almedina, 2016. p. 572.

uma ponderação decisória final a cargo das estruturas administrativas: o bem comum é definido num modelo de colaboração plural e procedimental entre Administração e cidadãos.[165]

Ao fazer cotejo da participação popular na gestão do Direito Fundamental à Saúde, Vitor Hugo Mota de Menezes pontua que a gestão democrática das políticas públicas, que deve ser realizada desde a elaboração à execução, qualifica a atuação do Estado, ao entender e compreender as necessidades da sociedade civil acerca da demanda pública.[166]

A finalidade sociológica da participação popular, por meio das audiências públicas e consultas públicas, também é reforçada pelas lições de Gustavo Justino de Oliveira:

> A realização de audiências públicas nos processos administrativos vem de encontro com o postulado de legitimidade do poder, inerente ao Estado de direito democrático. Está relacionada com a aplicação dos princípios previstos no art. 37, *caput*, da Constituição da República.[167]

Em arremate, ao conferir legitimidade para a atividade administrativa, fica consolidada a acepção sociológica das audiências e das consultas públicas.

2.3 Convocação das audiências e consultas públicas

De acordo com o já assentado nesta pesquisa, é pressuposto para convocação da audiência pública ou da consulta pública, em especial a fundada na Lei de Processo Administrativo Federal, que a matéria objeto de decisão administrativa tenha caráter transindividual.[168]

---

[165] Idem, p. 572.

[166] MENEZES, Vitor Hugo Mota de. *Direito à Saúde e Reserva do Possível*. Curitiba: Juruá, 2015. p. 99-100.

[167] OLIVEIRA, op. cit., p. 32 e OLIVEIRA, Gustavo Justino de. Hiperativismo do controle versus inércia administrativa. *Opinião & Análise*. 18 de abril de 2018. Disponível em: https://edisciplinas.usp.br/pluginfile.php/4361985/mod_resource/content/0/OLIVEIRA%2C%20Gustavo%20Justino%20de.%20Hiperativismo%20do%20controle%20versus%20in%C3%A9rcia%20administrativa..pdf. Acesso em: 8 mar. 2020.

[168] Acerca da possível diferença entre as expressões "interesse geral", como pressuposto para convocação da consulta pública, e "relevância da matéria", está pressuposto para a convocação da audiência pública, remete-se o leitor para o item 2.1.1.2.

CAPÍTULO 2
AUDIÊNCIAS E CONSULTAS PÚBLICAS NA ADMINISTRAÇÃO PÚBLICA | 81

Verificada a transindividualidade da questão, cabe ao gestor público determinar a realização do meio de participação popular que entender mais adequado para a matéria posta em questão, a qual, pela literalidade dos arts. 31 e 32, da Lei n. 9.784/1999, trata-se de ato de ofício.

Nada impede, entretanto, que o administrado ou a entidade com representatividade adequada provoque o gestor público, mediante requerimento dos autos do processo administrativo, para que este convoque a respectiva audiência pública ou consulta pública, pois essa postura ativa do administrado condiz com a abertura da Administração Pública à sociedade, fomentando de forma ampla o controle social[169] em todas as etapas do devir.

Também se justifica a convocação dessas modalidades de participação popular ora em estudo pela própria finalidade instrutória do ato,[170] motivo pelo qual o art. 29, da Lei do Processo Administrativo Federal, trata que a atividade instrutória se pode realizar de ofício ou através de impulso do órgão responsável pelo processo.[171] [172]

No prisma infralegal, ao regulamentar as audiências públicas em matéria de licenciamento ambiental, o Conselho Nacional do Meio Ambiente (CONAMA) estabeleceu a legitimidade de entidade civil ou mais de 50 (cinquenta) cidadãos requerer ao gestor público do órgão ou entidade ambiental a convocação de audiência pública para discutir o Relatório de Impacto do Meio Ambiente (RIMA), de acordo com o disposto no art. 2º, da Resolução 9/87, do CONAMA:

> Resolução n. 9/87 – CONAMA
>
> [...]
>
> Art. 1º - A Audiência Pública referida na RESOLUÇÃO CONAMA nº 1/86, tem por finalidade expor aos interessados o conteúdo do produto em análise e do seu referido RIMA, dirimindo dúvidas e recolhendo dos presentes as críticas e sugestões a respeito.

---

[169] FREITAS, Juarez. *O controle dos atos administrativos e os princípios fundamentais*. 5. ed. rev. e ampl. São Paulo: Malheiros, 2013. p. 378.

[170] Acerca da finalidade instrutória das audiências e das consultas públicas, remete-se o leitor ao item 2.2.2.

[171] CARVALHO FILHO, José dos Santos. *Processo Administrativo Federal*: Comentários à Lei n. 9.784/99. 5. ed. rev. e atual. São Paulo: Atlas, 2013. p. 183.

[172] Art. 29. As atividades de instrução destinadas a averiguar e comprovar os dados necessários à tomada de decisão realizam-se de ofício ou mediante impulsão do órgão responsável pelo processo, sem prejuízo do direito dos interessados de propor atuações probatórias.

Art. 2º - Sempre que julgar necessário, ou quando for solicitado por entidade civil, pelo Ministério Público, ou por 50 (cinquenta) ou mais cidadãos, o Órgão do Meio Ambiente promoverá a realização de Audiência Pública.

A previsão constante de norma infralegal que confere legitimidade a entidades ou grupo de cidadãos para requerer ao gestor público a realização de atos de participação popular em processo administrativo em nada extrapola o âmbito do poder regulamentar, pois, no caso da União, a própria lei confere ao administrado impulsionar a Administração Pública na instrução do feito e, considerando a finalidade instrutória da participação popular no processo administrativo, tem-se que a norma infralegal está apenas por cumprir o desiderato de regulamentar o art. 29, da Lei do Processo Administrativo Federal, sem haver qualquer margem à alegação de inovação jurídica por meio do ato infralegal ora em análise.[173]

2.3.1 Ato discricionário ou ato vinculado?[174]

De acordo com o exposto no art. 31 e 32, da Lei do Processo Administrativo Federal, bem como no art. 29, da Lei de Introdução às Normas de Direito Brasileiro, a convocação da participação popular em momento anterior à decisão administrativa, seja de ofício ou a requerimento de interessado, será determinada por despacho da autoridade em juízo discricionário.[175]

A regra geral não deixa margem de dúvidas quanto à discricionariedade da participação popular em âmbito federal, discricionariedade

---

[173] Acerca da finalidade do poder regulamentar, são válidas as lições de Celso Antônio Bandeira de Mello: "Com efeito, os dispositivos constitucionais caracterizadores do princípio da legalidade no Brasil impõem ao regulamento o caráter que se lhe assinalou, qual seja, o de ato estritamente subordinado, isto é, meramente subalterno, ademais, dependente de lei.". BANDEIRA DE MELLO. Celso Antônio. *Curso de Direito Administrativo*. 27. ed. rev. atual. São Paulo: Malheiros, 2010. p. 343.

[174] Cabe ressaltar que não existe ato totalmente vinculado e ato totalmente discricionário, havendo nos atos administrativos a predominância maior, em cada caso, de elementos vinculados ou elementos discricionários, conforme lembra os preciosos ensinamentos de Hely Lopes Meirelles: "Dificilmente encontraremos um ato administrativo inteiramente vinculado, porque haverá sempre aspectos sobre os quais a Administração terá opções na sua realização. Mas o que caracteriza o ato como vinculado é a predominância de especificações da lei sobre os elementos deixados livres para a Administração.". MEIRELLES, Hely Lopes. *Direito Administrativo Brasileiro*. 10. ed. atual. São Paulo: Revista dos Tribunais, 1984. p. 79.

[175] BIM, op. cit., p. 105-106.

esta também repetida na legislação de alguns Estados-membros,[176] pois o termo empregado na norma "poderá" é expressão basilar que confere margem para a atuação discricionária da Administração Pública.

Em se tratando de processo administrativo que verse sobre matéria transindividual, o gestor público sequer necessita manifestar-se a respeito da convocação da participação popular, pois o mero silêncio, nesta hipótese, deve ser interpretado como desnecessidade de realização da audiência pública ou da consulta pública.

A negativa ganha contornos distintos quando houver requerimento prévio de cidadãos ou de entidade da sociedade civil para a realização do ato, uma vez que é legítima a postulação administrativa com o objetivo da autoridade convocar a participação popular, com base no caráter instrutório das audiências públicas e das consultas públicas.

Requerida a realização da audiência pública ou da consulta pública, a autoridade deverá pronunciar-se expressamente acerca deste requerimento antes da tomada da decisão de mérito do procedimento administrativo, uma vez que a Lei do Processo Administrativo Federal estabelece não só o dever de decisão do mérito por parte da Administração Pública, mas também o dever de decidir acerca de solicitações e reclamações acerca da competência do Poder Público.[177]

Ressalta-se, todavia, como muito bem pontuado por Eduardo Fortunato Bim que: "o mero pedido do interessado não transforma a auscultação pública em algo obrigatório. A realização da consulta ou da audiência públicas é ato discricionário quando ela não for obrigatória por lei".[178]

A conclusão de Bim é bem pertinente, pois não é a vontade popular direta que transmuda a discricionariedade em vinculação administrativa. Apenas lei formal pode estabelecer a obrigatoriedade de manifestação popular no curso de processo administrativo.

Mas reitera-se que a Administração Pública deverá decidir e pronunciar-se expressamente acerca do requerimento do interessado, pois caso não haja o pronunciamento, surge o direito subjetivo do interessado em postular judicialmente, com o objetivo de compelir a resposta motivada da Administração Pública a respeito da convocação

---

[176] Lei Estadual 2.794/2003 – Capítulo X (Estado do Amazonas); Lei Estadual n. 10.177/98 – Título IV - Capítulo I – Seção III (Estado de São Paulo).

[177] Art. 48. A Administração tem o dever de explicitamente emitir decisão nos processos administrativos e sobre solicitações ou reclamações, em matéria de sua competência.

[178] BIM, op. cit., p. 106.

da audiência pública ou da consulta pública,[179] não se interpretando o silêncio da Administração Pública como recusa ou juízo de inoportunidade ou inconveniência para a realização do ato.

Caso a Administração Pública opte pela recusa do requerimento do interessado, a decisão deverá valer-se de fundamentação concreta, específica e apontar as razões circunstanciadas que justifiquem a não realização da consulta popular no caso concreto, pois, ainda que seja faculdade da Administração Pública, o administrado, na qualidade de cidadão, tem o direito de ser informado clara e especificamente acerca das escolhas administrativas no curso do procedimento.[180]

A utilização de fundamentação racional e coerente no presente caso amolda-se ao conceito de discricionariedade legítima, concebido por Juarez Freitas, que assim pontua:

> Em conexão, pode-se conceituar a discricionariedade administrativa legítima como a competência administrativa (não mera faculdade) de avaliar e de escolher, no plano concreto, as melhores soluções, mediante justificativas válidas, coerentes e consistentes de conveniência ou oportunidade (com razões juridicamente aceitáveis), respeitados os requisitos formais e substanciais da efetividade do direito fundamental à boa administração pública.[181]

Por via de exceção, algumas leis que regulamentam processos administrativos específicos estabelecem a obrigatoriedade da manifestação popular, por meio das audiências e consultas públicas, como, por exemplo, a Lei n. 9.985/2000 – art. 22, §2º, Lei n. 13.848/2019 – art. 6º, §4º e Lei n. 9.472/1997 – art. 19, III.

Nestas hipóteses, não há margem para a conformação da vontade do gestor público, pois a participação popular passa a configurar como

---

[179] Ao tratar do silêncio da Administração Pública, Celso Antônio Bandeira de Mello pronunciou no sentido de que o interessado: "poderá demandar judicialmente que a Administração se pronuncie, se o ato omitido era de conteúdo discricionário, pois faz jus a uma decisão motivada". BANDEIRA DE MELLO, op. cit., p. 416.

[180] Cumpre salientar que o Decreto n. 9.830/2019, cuja finalidade foi de regulamentar os arts. 20 a 30, da Lei de Introdução às Normas do Direito Brasileiro, estabeleceu que a decisão que convocar a consulta pública deverá ser motivada de forma concreta, raciocínio extraído da junção dos arts. 18, §1º, e art. 3º, do ato normativo infralegal. De igual modo, deve ser a decisão que indeferir a realização de consulta pública requerida por cidadãos ou entidades da sociedade civil, em homenagem ao paralelismo das formas e à ampliação democrática das decisões administrativas.

[181] FREITAS, Juarez. *Discricionariedade Administrativa e o Direito Fundamental à Boa Administração Pública*. São Paulo: Malheiros, 2007. p. 22.

CAPÍTULO 2
AUDIÊNCIAS E CONSULTAS PÚBLICAS NA ADMINISTRAÇÃO PÚBLICA | 85

fase essencial do procedimento administrativo e a não observância da realização das audiências ou das consultas públicas acarretará, por consequência, a invalidação da decisão administrativa.[182]

Caso haja omissão da Administração Pública na convocação da manifestação popular quando se tratar de fase obrigatória do procedimento, o interessado pode postular no processo administrativo apontando a ocorrência deste vício, com fundamento no sagrado Direito de Petição previsto no art. 5º, XXXIV, *"a"*, da Constituição da República, para corrigir a ilegalidade presente.

Persistindo a ilegalidade, é legítima a postulação judicial do interessado, seja pela via individual, ou por demanda coletiva, pois se está diante de controle de validade da atividade administrativa, campo em que não há discussão quanto à atuação do Poder Judiciário no controle de Administração Pública.[183]

---

[182] Acerca da invalidação do procedimento administrativo por não observar a convocação e realização de audiências e consultas públicas, remetemos o leitor ao item 2.2.1 desta seção.

[183] Os Tribunais Pátrios já reconheceram a invalidade de procedimento administrativo pela não realização de audiência pública prevista no art. 39, da revogada Lei n. 8.666/93 – que regia a matéria atinente às licitações e contratos administrativos. O Tribunal Regional Federal da 3ª Região, ao julgar apelação oriunda de Ação Popular firmou que a não observância da audiência pública obrigatória, somados ao princípio da publicidade e da transparência, são circunstâncias suficientes para caracterizar ato lesivo à Administração Pública:
AÇÃO POPULAR. LICITAÇÃO PARA OUTORGA DE CONTRATO DE CONCESSÃO PARA EXPLORAÇÃO E PRODUÇÃO DE PETRÓLEO E GÁS NATURAL. AUSÊNCIA DE AUDIÊNCIA PÚBLICA PREVIAMENTE À LICITAÇÃO. CONFIGURAÇÃO DE ATO LESIVO AO PATRIMÔNIO PÚBLICO E MEIO AMBIENTE. NECESSIDADE DE INTIMAÇÃO MINISTERIAL. ERROR IN PROCEDENDO. APELO PROVIDO. 1. Cinge-se a controvérsia em analisar a responsabilidade civil dos corréus em razão da suposta ocorrência de ato lesivo ao patrimônio público e meio ambiente, ocasionado pela realização da 11ª Rodada de Licitações para outorga de contratos de concessão para exploração e produção de petróleo e gás natural, bem como ausência de intimação ministerial a ensejar a nulidade da sentença. 2. Reconheço, de plano, a preliminar arguida pelos recorrentes. Dispõe o art. 6º, § 4º da Lei nº 4.717/65 que o MP atuará como custos legis na ação popular, cabendo-lhe ainda promover a responsabilidade civil ou criminal das pessoas envolvidas. 3. Por sua vez, o artigo 7º, inciso I, alínea a prevê que a intimação ministerial deve ser ordenada na decisão que determina a citação dos réus; a contrario sensu do que ocorreu no presente caso, em que ocorreu o julgamento antecipado da lide, sem intervenção ministerial e sem análise do mérito, sob o fundamento de falta de condição da ação, a saber, existência de ato lesivo ao patrimônio público e meio ambiente. 4. Compulsando os autos, verifico que a intimação do órgão ministerial ocorreu após a prolação da sentença e interposição do recurso de apelação pelos demandantes, às fls. 155-v, e, posteriormente, após a subida dos autos a esta Eg. Corte, quando, só então, houve manifestação do Parquet Federal pela anulação da r. sentença. 5. A jurisprudência do Col. STJ já sedimentou entendimento no sentido de que a ausência de intimação do Ministério Público, por si só, não gera nulidade, a não ser que se constate "efetivo prejuízo para as partes ou para apuração ou para apuração da verdade substancial da controvérsia jurídica, à luz do princípio pas de nullités sans grief" (AgRg em RESp n.º 426.672/RJ, Ministro Herman

Benjamin, Publicado em 05/06/2014). 6. O apelante trouxe aos autos elementos suficientes a demonstrar que o ato omissivo da Administração Pública é apto a ensejar prejuízo ao patrimônio público e meio ambiente, ante a localização dos blocos expropriatórios em áreas economicamente estratégias, sobretudo, onde se situam santuários ambientais e unidades de conservação ambiental, e, ainda a possibilidade de se encontrar reservas de pré-sal na região. 7. Imprescindível a intimação ministerial, bem como a instrução probatória para o fim de averiguar a legalidade destas atividades, dada a potencialidade lesiva de significativo impacto ambiental. 8. Ademais, a falta de audiência pública para tratar da matéria pertinente ao acréscimo de 717 blocos expropriatórios na 11ª Rodada de Licitação, viola o artigo 39 da Lei nº 8.666/93, além dos princípios da publicidade e transparência que devem reger os atos administrativos. 9. Com efeito, não há necessidade de prova material da lesividade ao erário no que concerne à defesa do meio ambiente e moralidade administrativa, bastando a ilegalidade do ato administrativo a invalidar. Cuida-se de raciocínio doutrinário acolhido pelo STF no julgamento do RE 170.768/SP, DJ 13.08.1999 e pelo STJ, no julgamento do REsp 552.691/MG. Logo, desnecessária a prova cabal da demonstração de lesão ao patrimônio público já na exordial, cabível no decorrer da instrução processual. 10. Nessa esteira, reconheço o error in procedendo na r. sentença e determino o retorno dos autos à vara de origem para julgamento com a dilação probatória. 11. Apelo provido. (TRF-3 - APELREEX: 00084058220134036100 SP, Relator: DESEMBARGADOR FEDERAL NERY JUNIOR, Data de Julgamento: 07/06/2017, TERCEIRA TURMA, Data de Publicação: e-DJF3 Judicial 1 DATA: 21/06/2017).

Por vez, o Tribunal Regional Federal da 4ª Região, em sede de Agravo de Instrumento, deferiu tutela de urgência para suspender concorrência em virtude da ausência da audiência pública obrigatória prevista na revogada Lei n. 8.666/93:

LICITAÇÃO. SERVIÇO DE FRANQUIA POSTAL. NECESSIDADE DE PRÉVIA AUDIÊNCIA PÚBLICA. SUSPENSÃO DA CONCORRÊNCIA. A insuficiência de informações para aferir a viabilidade econômica do serviço de franquia postal, conforme determina Decreto 6.639/09 e a Portaria 400/2009 do Ministério das Comunicações, e a ausência de prévia audiência pública, conforme exige o art. 39 da lei 8.666/93, são questões que demandam maiores esclarecimentos até que se processe a referida licitação, pelo que presentes os requisitos para concessão da tutela antecipada requerida.
(TRF-4 - AG: 64246020104040000 PR 0006424-60.2010.404.0000, Relator: JORGE ANTONIO MAURIQUE, Data de Julgamento: 08/09/2010, QUARTA TURMA, Data de Publicação: D. E. 15/09/2010).

No mesmo sentido, e com o destaque que o Tribunal Regional Federal da 4ª Região ressaltou a importância da audiência pública como instrumento de fortalecimento da participação da sociedade civil nos atos praticados pela Administração Pública:

ADMINISTRATIVO. LICITAÇÃO. EDITAL DE CONCORRÊNCIA. AUSÊNCIA DE AUDIÊNCIA PÚBLICA. SUSPENSÃO DO CERTAME. 1. O art. 39, da Lei de Licitações (Lei 8.666/1993) deve ser interpretado com vistas a assegurar a vontade do constituinte de fortalecer a participação da sociedade civil nos atos praticados pela Administração Pública. 2. As audiências públicas conferem oportunidade aos consumidores de serem informados, com especificidade, sobre todas as questões de seu interesse, inclusive sobre o custo do serviço prestado, além de possibilitar requerimento e apresentação de propostas, concretizando a real noção de participação, idéia que norteia o novo modelo de Administração Pública. 3. O interesse que se quer proteger não é apenas a preservação do erário mas a transparência da gestão pública e dos motivos que embasam suas opções. 4. A opção pelo critério de melhor proposta técnica em detrimento do melhor preço, em princípio, é aspecto que reside no campo da discricionariedade da Administração mas que poderá ser discutido na audiência pública a ser realizada, sendo inviável o aprofundamento de tal discussão nesta sede de cognição sumária.
(TRF-4 - AG: 71572620104040000 SC 0007157-26.2010.404.0000, Relator: JOÃO PEDRO GEBRAN NETO, Data de Julgamento: 13/07/2010, TERCEIRA TURMA, Data de Publicação: D. E. 04/08/2010). (grifos do autor)

2.4 Procedimento

2.4.1 Procedimento da consulta pública

A consulta pública tem procedimento singelo, pois esta modalidade de participação popular cumpre com o desiderato com a emissão da opinião pelo cidadão ou entidade da sociedade civil, por meio físico ou eletrônico e respectivo recebimento da manifestação pela Administração Pública, para, após, entrar na fase decisória do processo administrativo.

O cerne procedimental desta modalidade de participação popular tem dois escopos: 1) ampla divulgação da abertura da consulta pública; e 2) acesso aos interessados em emitir opinião aos autos do processo administrativo.

Gustavo Justino de Oliveira, ao tratar do procedimento da consulta pública previsto no art. 29, da LINDB, pontua que este mínimo procedimental previsto na legislação, que é perfeitamente aplicável às demais espécies de consulta pública prevista no ordenamento jurídico brasileiro, denomina-se do devido processo legal da consulta pública, apto a permitir a efetiva participação popular na função administrativa.[184]

Ambas as finalidades apontam para o princípio da publicidade. De fato, não existe participação efetiva sem informação.[185] Nesse sentido, aponta-se o magistério de Clèmerson Merlin Clève:

> A participação da cidadania na tomada de decisão de caráter administrativo, porém, exige ainda outros pressupostos, para além dos já nominados. Não há possibilidade de participação sem informação. É o direito à informação (e, bem assim, o direito de certidão), que pode assegurar a consciente participação popular. Sem informação correta, sem um aparato institucional transparente, qualquer tipo de participação pode se transformar em mera cooptação legitimadora.[186]

---

[184] OLIVEIRA, Gustavo Justino de. Comentários ao art. 29 da LINDB. *In*: DA CUNHA FILHO, Alexandre Jorge Carneiro; ISSA, Rafael Hamze; SCHWIND, Rafael Wallbach (Coord.). *Lei de Introdução às Normas do Direito Brasileiro - Anotada*. São Paulo: Quartier Latin, 2018. p. 459-460.

[185] SALGADO, Eneida Desiree. *Lei de Acesso à Informação*: Comentários à Lei n. 12.527/2011 e ao Decreto 7,724/2012. São Paulo: Atlas, 2015 p. 3 e HEINEN, Juliano. *Comentários à Lei de Acesso à Informação*. 2. ed. rev. e atual. Belo Horizonte: Fórum, 2015. p. 24.

[186] CLÈVE, Clèmerson Merlin. O cidadão, a administração pública e a nova Constituição. *In*: *Revista de Informação Legislativa*. Brasília, a. 27, n. 106 abr. jun. 1990. p. 93.

Paulo Otero aponta que a falta ou deficiência de informação adequada tem o condão de comprometer a validade dos atos de participação popular na função administrativa:[187]

> A ausência de uma informação suficiente e atempada para um correto exercício da audiência prévia ou da consulta pública inquina tais mecanismos participativos, podendo ser equiparada à sua falta, gerando efeitos invalidantes, até por lesão da exigência de um procedimento equitativo.

São oportunas as lições de Tércio Sampaio Ferraz Júnior a respeito do princípio da publicidade e relação com o direito de fiscalização e participação popular:

> Feitas estas observações, é oportuno perguntar, em que limites a autoridade fiscal pode exercer sua atuação fiscalizadora, no que diz respeito ao disposto nos incisos X e XII do art. 5º da C.F.
>
> O art. 174 da Constituição determina que o Estado, como agente normativo e regulador da atividade econômica, exerça, dentre outras, a função de fiscalização, na forma da lei. *Fiscalizar*, um dos sentidos da palavra controlar (cf. Fábio Comparato, p. 14), significa vigiar, verificar e, nos casos de anormalidade, censurar (Caldas Aulete: verbete *fiscalizar*). Fiscalização é, pois, vigilância, donde verificação continuada e, detectada a anormalidade, é censura.
>
> O acesso continuado a informações faz parte da fiscalização. Sem isso não há vigilância. O acesso intermitente, na verificação da anormalidade, faz parte da censura, que implica castigo, punição.[188]

Para que haja o exercício maduro da democracia participativa,[189] o legislador, além de conferir a oportunidade da manifestação popular, deve munir o administrado com informações acerca da matéria da consulta.[190]

---

[187] OTERO, op. cit., p. 576.

[188] FERRAZ JÚNIOR, Tércio Sampaio. Sigilo de dados: o direito à privacidade e os limites à função fiscalizadora do Estado. *Revista da Faculdade de Direito, Universidade de São Paulo, São Paulo*, v. 88, p. 439-459, jan. 1993. ISSN 2318-8235. Disponível em: https://www.revistas.usp.br/rfdusp/article/view/67231/69841. Acesso em: 13 ago. 2017.

[189] TAVARES, André Ramos. Comentários ao art. 5º, XXXIII. *In*: CANOTILHO, J. J. Gomes *et al.* (Coord.). *Comentários à Constituição do Brasil*. São Paulo: Saraiva/Almedina, 2013. p. 349.

[190] OLIVEIRA, Gustavo Justino de. Comentários ao art. 29 da LINDB. *In*: DA CUNHA FILHO, Alexandre Jorge Carneiro; ISSA, Rafael Hamze; SCHWIND, Rafael Wallbach (Coord.). *Lei de Introdução às Normas do Direito Brasileiro - Anotada*. São Paulo: Quartier Latin, 2018. p. 459-460.

CAPÍTULO 2
AUDIÊNCIAS E CONSULTAS PÚBLICAS NA ADMINISTRAÇÃO PÚBLICA | 89

2.4.1.1 Procedimento da Lei n. 9.784/1999

A Lei n. 9.784/1999, ao prever genericamente a consulta pública no âmbito dos processos administrativos cujo objeto tenha interesse geral, fixou apenas diretrizes a serem observadas pelo gestor público, conferindo margem de liberdade à Administração Pública para estabelecer regras procedimentais no plano infralegal[191], conforme se pode extrair do art. 31, §1º, da Lei n. 9.784/1999:

> Art. 31. [...]
>
> 1º A abertura da consulta pública será objeto de divulgação pelos meios oficiais, a fim de que pessoas físicas ou jurídicas possam examinar os autos, fixando-se prazo para oferecimento de alegações escritas.

Conforme já exposto anteriormente, a legislação comentada busca estabelecer regras que ampliem a divulgação da realização da consulta pública, bem como impõe à Administração Pública a obrigação de conceder ao interessado em participar do ato o acesso aos autos do processo administrativo.

Quanto ao acesso aos autos administrativos, deve ser registrado que, no atual contexto tecnológico, a Administração Pública pode conferir ao interessado em proferir a manifestação cópia dos autos nas mais variadas espécies de suportes, seja físico ou em mídia virtual. Em se tratando de autos virtuais, deve a Administração orientar o interessado em proferir manifestação com instruções que possibilite o acesso direito aos autos eletrônicos (fornecimento de tutorial do sistema e de eventuais senhas provisórias de acesso, a título de exemplificação).

No que tange à divulgação em meios oficiais, coloca-se que esta exigência não elimina a possibilidade da Administração Pública divulgar o instrumento convocatório da consulta pública em outros meios de comunicação[192] (imprensa escrita, mídia televisiva, internet, redes sociais, ou radiodifusão), pois ao depender da relevância da matéria é prudente a Administração Pública realizar a divulgação em meios não oficiais, haja vista que é notória, via de regra, a falta de

---

[191] Digno de nota que a Administração Pública não poderá estabelecer regras procedimentais de consulta pública que restrinjam as diretrizes gerais da Lei de Processo Administrativo Federal, sob pena de exorbitar o poder regulamentar e acarretar a invalidação do procedimento de participação popular.

[192] CARVALHO FILHO, José dos Santos. *Processo Administrativo Federal*: Comentários à Lei n. 9.784/99. 5. ed. rev. e atual. São Paulo: Atlas, 2013. p. 190.

acompanhamento dos cidadãos às publicações realizadas em Diário Oficiais e em sedes de repartição.

Contudo, frise-se que a divulgação em mídias não oficiais é mera faculdade da Administração Pública, não acarretando a invalidação do instrumento convocatório em caso de ausência, por não haver expressa previsão legal neste sentido e não haver espaço para ser colocada esta exigência em nível infralegal, sob pena de excesso de poder regulamentar.

A última disposição procedimental prevista na Lei do Processo Administrativo Federal diz respeito à fixação de prazo para apresentação das alegações escritas.

No que tange à necessidade das alegações serem expostas de forma escrita, entendemos que a Administração Pública pode conceder a possibilidade do administrado manifestar a opinião em outros suportes, desde que seja passível de registro e inclusão nos autos administrativos (ex: alegação por áudio ou vídeo).[193]

Essa conduta da Administração Pública em permitir a juntada das alegações em consultas públicas em outras mídias também tem relevante aspecto social, no tocante à acessibilidade,[194] pois permite que pessoas com deficiência possam manifestar-se em consultas públicas de forma mais fidedigna possível.[195] [196]

Em relação ao prazo, são pertinentes as colocações de José dos Santos Carvalho Filho, no sentido de que haja razoabilidade por parte do Administrador Público no arbitramento do lapso temporal de acordo

---

[193] A possibilidade de juntada de manifestações orais ou audiovisuais em processos estatais ganhou novos contornos durante o período de isolamento social imposto pela pandemia da COVID-19. A título exemplificativo, o Supremo Tribunal Federal passou a permitir a juntada de arquivos em vídeo ou áudio nos processos submetidos ao rito de julgamento do Plenário Virtual, como forma de viabilizar o contraditório e ampla defesa das partes. *In*: https://portal.stf.jus.br/noticias/verNoticiaDetalhe.asp?idConteudo=440658&ori=1. Acesso em: 2 maio 2020.

[194] Acerca do conceito de acessibilidade, vide: art. 53, da Lei n. 13.146/2015: "Art. 53. A acessibilidade é direito que garante à pessoa com deficiência ou com mobilidade reduzida viver de forma independente e exercer seus direitos de cidadania e de participação social" (grifo nosso). Ou seja, em virtude das medidas de acessibilidade conferirem e habilitarem a pessoa com deficiência à participação social, esta deve ser entendida de forma ampla, para abranger a participação social no seio da função administrativa.

[195] A título de exemplificação, a alegação gravada em mídia audiovisual de um deficiente visual ou de deficiente auditivo que se comunica pela Linguagem Brasileira de Sinais torna-se mais fidedigna e autêntica que a alegação escrita, além de ser medida de se que coaduna com a acessibilidade exigida pelo Estatuto da Pessoa com Deficiência.

[196] Em arremate, é lícito à Administração Pública utilizar-se da mesma sistemática das sustentações orais no âmbito do Supremo Tribunal Federal para os casos de julgamento no Plenário Virtual, por ser medida que amplia o debate e se coaduna com a acessibilidade.

com o objeto da consulta pública, de modo que possa, simultaneamente, possibilitar a efetiva participação popular, bem como que possibilite o regular prosseguimento do feito administrativo, sem paralisações desnecessárias.[197]

Cumpre ressaltar, também, que a fixação de prazo é condição de validade do procedimento de consulta pública,[198] assim sendo, Carvalho Filho aponta que, na omissão de prazo fixado pelo instrumento convocatório, haverá o direito do interessado em postular administrativamente para sanar a irregularidade.[199]

As lições do respeitado Mestre devem ser lidas com temperamentos, pois a própria lei do Processo Administrativo Federal fixa o

---

[197] CARVALHO FILHO, José dos Santos. *Processo Administrativo Federal*: Comentários à Lei n. 9.784/99. 5. ed. rev. e atual. São Paulo: Atlas, 2013. p. 190.

[198] A jurisprudência já reconheceu que a fixação de prazo exíguo para convocação de audiência pública, instituto correlato à consulta pública e de idêntica finalidade, pode ser motivo para invalidar o ato convocatório, conforme se verifica de precedente firmado pelo Tribunal de Justiça do Estado de São Paulo:
"Agravo de instrumento. Ação popular. Suspensão dos efeitos de disposições normativas locais e de licitação deles decorrente. Decisão suficientemente fundamentada na ponderação da prevalência do mecanismo de controle popular da administração sobre a presunção de legitimidade dos atos da administração dadas as inúmeras irregularidades apontadas na petição inicial. Prazo exíguo na convocação de audiência pública que por si só justifica a concessão da tutela de urgência. Decisão mantida. Recurso improvido. (TJ-SP - AI: 22570409220188260000 SP 2257040-92.2018.8.26.0000, Relator: Luis Fernando Camargo de Barros Vidal, Data de Julgamento: 25/03/2019, 4ª Câmara de Direito Público, Data de Publicação: 28/03/2019)."
Nas razões de decidir do voto do Desembargador Relator, verificou-se que, no caso concreto, o instrumento convocatório fixou prazo de 3 (três) dias para a realização da audiência pública, lapso temporal que se entendeu violador da razoabilidade e inviabilizador da participação popular em uma perspectiva material:
"Se é certo que não existe norma expressa que estabeleça prazo certo de antecedência de publicação do ato convocatório da audiência pública, não menos certo é que o lapso de tempo observado no caso em apreço parece exíguo, especialmente se ponderado o prazo previsto no art. 39 da Lei nº 8.666/93 e se ponderada a redução dos investimentos públicos que restou autorizada, ainda que sob o argumento de que houve simples redução dos objetivos a serem satisfeitos como aduz a agravante.
É de se convir que o prazo de três dias se afigura desarrazoado na medida em que não incentiva a participação popular (e não de vereadores como argumentou a municipalidade), dificultando-a mesmo, o que autoriza reconhecer grau de elevada probabilidade do direito arguido" (Grifo nosso).
Na atual regulamentação – Lei n. 14.133/2021, o art. 21 da vigente Lei de Licitações e Contratos Administrativos prevê prazo de convocação mínimo de 8 (oito) dias úteis para a realização de audiências públicas, mas é silente no tocante à consulta pública, prevista no art. 21, parágrafo único da Lei retromencionada. Em nosso entender, por se tratar de instrumento correlato, nada impede a aplicação analógica do *caput*, para fixação de prazo mínimo de 8 (oito) dias úteis para apresentação das sugestões.

[199] CARVALHO FILHO, José dos Santos. *Processo Administrativo Federal*: Comentários à Lei n. 9.784/99. 5. ed. rev. e atual. São Paulo: Atlas, 2013. p. 190.

prazo legal de 5 (cinco) dias[200] para que os administrados que participem do processo administrativo pratiquem o ato, no caso a manifestação na consulta pública, na ausência de fixação expressa do prazo pelo gestor público.

Assim, entendemos que o prazo de 5 (cinco) dias previsto no art. 24, da Lei n. 9.78419/1999, pode ser aplicado de forma subsidiária às consultas públicas que tenham objeto de complexidade reduzida e nas que não houve fixação expressa de prazo para manifestação do administrado no instrumento convocatório. Em se tratando de consultas públicas cuja matéria demande uma complexidade maior, impõe à Administração Pública a fixação de prazo razoável e compatível com a matéria.

2.4.1.2 Procedimento da LINDB

De acordo com o art. 29, da Lei de Introdução às Normas de Direito Brasileiro, incluído pela Lei n. 13.655/2018,[201] o objeto da consulta pública desse diploma normativo diz respeito à edição de atos normativos por autoridade administrativa, ressalvados os atos de mera organização interna.

Conforme consta do parágrafo primeiro do dispositivo legal em comento, o instrumento convocatório deverá conter a minuta do ato normativo, bem como fixação de prazo para manifestação do interessado, remetendo as demais condições às normas regulamentares e legais específicas.

---

[200] Lei n. 9.784/99, art. 24: Inexistindo disposição específica, os atos do órgão ou autoridade responsável pelo processo e dos administrados que dele participem devem ser praticados no prazo de cinco dias, salvo motivo de força maior.

[201] O Decreto n. 9.830/2019, que regulamentou os artigos referentes às normas gerais de direito público introduzidos na LINDB pela Lei n. 13.655/2018 traz as seguintes disposições regulamentares acerca da consulta pública, no art. 18:
Art. 18. A edição de atos normativos por autoridade administrativa poderá ser precedida de consulta pública para manifestação de interessados, preferencialmente por meio eletrônico.
§ 1º. A decisão pela convocação de consulta pública será motivada na forma do disposto no art. 3º.
§ 2º A convocação de consulta pública conterá a minuta do ato normativo, disponibilizará a motivação do ato e fixará o prazo e as demais condições.
§ 3º A autoridade decisora não será obrigada a comentar ou considerar individualmente as manifestações apresentadas e poderá agrupar manifestações por conexão e eliminar aquelas repetitivas ou de conteúdo não conexo ou irrelevante para a matéria em apreciação.
§ 4º As propostas de consulta pública que envolverem atos normativos sujeitos a despacho presidencial serão formuladas nos termos do disposto no Decreto nº 9.191, de 1º de novembro de 2017.

A necessidade de minuta do ato normativo é condição *sine qua non* da realização da consulta, em virtude do próprio objeto desse procedimento de participação previsto na LINDB. A falta da minuta do ato acarretará a invalidação da consulta pública e posterior decisão administrativa de edição do ato normativo infralegal.[202]

Em relação ao prazo fixado, remete-se às colocações feitas no item acima, em virtude da identidade da matéria.

Traço peculiar da consulta pública prevista no art. 29, da LINDB, é a preferência explicitada pelo legislador pela realização da participação popular pelo meio eletrônico, o que é consentâneo com os tempos atuais, em que a Administração Pública busca, em maior espaço, virtualizar os processos administrativos para difundir a publicidade dos atos administrativos, bem como catalisar a eficiência e a celeridade da prestação da função administrativa.

No entanto, nada impede que o gestor público adote procedimento físico de consulta pública, ou adote modelo híbrido, de modo a permitir o recebimento das manifestações populares tanto por suporte físico quanto por suporte eletrônico.

Em virtude da notória desigualdade social ainda presente na Federação Brasileira, que transborda para a desigualdade e exclusão digital,[203] ainda é recomendável à Administração Pública, notadamente em se tratando de atos que permitam a participação democrática na função administrativa e para que permita o exercício da democracia material por parte dos administrados, a adoção de modelos híbridos para: 1) divulgação do instrumento convocatório das consultas públicas; e 2) recebimento pela Administração Pública das manifestações proferidas pelos Administrados.

2.4.2 Procedimento da audiência pública

Conforme já apontado, a audiência pública é procedimento de participação popular que tem como características a oralidade e a

---

[202] OLIVEIRA, Gustavo Justino de. Comentários ao art. 29 da LINDB. *In*: DA CUNHA FILHO, Alexandre Jorge Carneiro; ISSA, Rafael Hamze; SCHWIND, Rafael Wallbach (Coord.). *Lei de Introdução às Normas do Direito Brasileiro - Anotada*. São Paulo: Quartier Latin, 2018. p. 460.

[203] GROSSI, Márcia Goretti Ribeiro *et al*. A Exclusão Digital: O Reflexo da Desigualdade Social no Brasil. *In*: *Nuances: Estudos sobre a Educação*, v. 24, p. 68/85, Maio/Ago, 2013. ISSN 2236-04415. Disponível em: https://revista.fct.unesp.br/index.php/Nuances/article/view/2480. Acesso em: 5 jun. 2020.

dialeticidade. Dessa feita, é condição essencial que haja uma sessão, podendo ser realizada de forma presencial ou por meio eletrônico,[204] [205] além do arranjo doutrinário já exposto, essa conclusão se obtém a partir do art. 32, da Lei n. 9.784/1999, que estabelece que a realização da audiência pública tem por finalidade fomentar o debate da matéria objeto do processo administrativo.

---

[204] Durante o período de isolamento social imposto pela pandemia da COVID-19, a realização de atos que demandam a presença física foi substituída por reuniões em plataforma de videochamada ou videoconferência. As audiências públicas não foram exceção a esta nova sistemática imposta pelo contexto emergencial de 2020. Cita-se, por exemplo, audiência pública promovida pela Procuradoria-Geral do Distrito Federal com a finalidade de discussão de projeto de utilização de inteligência artificial em processos de Execução Fiscal. *In*: http://www.pg.df.gov.br/pgdf-promove-audiencia-publica-online-para-discutir-projeto-de-inteligencia-artificial/. Acesso em: 5 jun. 20.

[205] Já há precedente judicial que declarou válida a realização de audiência pública em ambiente virtual. Nesse sentido, pronunciou-se o Tribunal de Justiça do Estado do Rio de Janeiro:
AGRAVO DE INSTRUMENTO. AÇÃO ANULATÓRIA. PEDIDO DE CONCESSÃO DE TUTELA DE URGÊNCIA INAUDITA ALTERA PARS A FIM DE SUSPENDER A REALIZAÇÃO DAS AUDIÊNCIAS PÚBLICAS VIRTUAIS REFERENTES AO PROJETO DE UNIVERSALIZAÇÃO DO SANEAMENTO BÁSICO NO ESTADO DO RIO DE JANEIRO, DESIGNADAS PARA AS DATAS DE 25.06.2020 E 06.07.2020, POR MEIO DE EDITAL DE CONVOCAÇÃO PUBLICADO NO DOE EM 08 DE JUNHO DE 2020, ENQUANTO PERDURAREM OS EFEITOS DOS DECRETOS ESTADUAIS QUE RECONHECERAM A SITUAÇÃO DE EMERGÊNCIA E CALAMIDADE NO ESTADO DO RIO DE JANEIRO, EM RAZÃO DA PANDEMIA DO NOVO CORONAVÍRUS -COVID-19. INDEFERIMENTO. RECURSO AUTORAL QUE NÃO MERECE ACOLHI-MENTO. Para a concessão da tutela de urgência, devem estar presentes a prova inequívoca capaz de convencer acerca da verossimilhança das alegações e o risco de dano irreparável ou de difícil reparação, nos termos do art. 300 do CPC. Ausência dos requisitos autorizadores da concessão da tutela. Audiências públicas para apresentação e debate da proposta de nova modelagem para universalização dos serviços públicos de captação, abastecimento e tratamento de água e esgoto, assim como a destinação final de esgotos sanitários nas regiões metropolitana, centro-sul, serrana, norte e noroeste do Estado do Rio de Janeiro. Participam desses encontros virtuais, diversos representantes da sociedade civil, além de especialistas em saneamento, e representantes governamentais. Em decorrência da pandemia da Covid.19, o Governo Estadual declarou estado de calamidade. Foram adotadas medidas restritivas para contenção do contágio a partir do mês de abril de 2020. A população em geral, em especial os considerados grupos de risco, devem permanecer em suas residências, evitando ao máximo ter contato com outras pessoas, evitando aglomerações e sendo o uso de máscaras obrigatório. Diante da impossibilidade de reunião de pessoas, diversas audiências públicas vêm sendo realizadas em todo país. O próprio Poder Judiciário vem adotando tal prática, realizando audiências e sessões de julgamento virtuais, visando a segurança de todos os envolvidos, sem interrupção dos serviços. Por tais motivos, a audiência pública virtual, é medida que se impõe. Restou demonstrado a regularidade da deliberação acerca da realização das audiências públicas virtuais. Decisão que merece ser mantida. Incidência da Súmula 59 desta Corte. DESPROVIMENTO DO RECURSO.
(TJ-RJ - AI: 00413627920208190000, Relator: Des(a). DANIELA BRANDÃO FERREIRA, Data de Julgamento: 27/07/2020, NONA CÂMARA CÍVEL). (Grifo nosso).

Conquanto a regra em comento foi precisa em delimitar a finalidade e o conteúdo das audiências públicas, a Lei do Processo Administrativo Federal foi silente em estabelecer um mínimo de regras procedimentais em relação à esta, em sentido oposto à consulta pública, que existem regras mínimas de publicidade e divulgação em relação à realização desta, como já se teve oportunidade de se abordar neste estudo.

Nesse sentido, Eduardo Fortunato Bim sustenta que as regras de publicidade e divulgação da convocação de consulta pública também devem ser aplicadas às audiências públicas, uma vez que são institutos correlatos[206] e ambos têm idêntico fim de possibilitar a participação popular no seio da Administração Pública.

Assim, as colocações relacionadas ao instrumento convocatório e acesso dos autos do processo administrativo da consulta pública são inteiramente pertinentes ao procedimento da audiência pública, o que remete ao exposto no item 2.4.1.1.

Serão tratados nesta oportunidade pontos relacionados ao procedimento da audiência pública que são peculiares ao seu formato, notadamente para o desenvolvimento regular dos debates e eventuais restrições quanto às manifestações sem que prejudique a natureza do ato e respeite o direito de participação na decisão administrativa na acepção material.

2.4.2.1 (In)Aplicabilidade do princípio do contraditório

A acepção histórica do princípio do contraditório é intimamente ligada aos processos de cunho acusatório, notadamente o processo penal,[207] razão pela qual o significado inicial desta garantia fundamental passava-se pelo direito de ciência do acusado acerca dos termos da imputação contra si formulada e o direito de reação a esta, conduzindo ao direito de participação do acusado, pois, conforme Cândido Rangel Dinamarco:

> Contraditório é participação, e sua garantia, imposta pela Constituição com relação a todo e qualquer processo – civil, penal, trabalhista ou não

---

[206] BIM, op. cit., p. 119.

[207] OLIVEIRA, Carlos Alberto Álvaro de. Comentários ao art. 5º, LV. *In*: CANOTILHO, J. J. Gomes *et al.* (Coord.). *Comentários à Constituição do Brasil*. São Paulo: Saraiva/Almedina, 2013. p. 432.

jurisdicional (art. 5º, in. LV) -, significa em primeiro lugar que a lei deve instituir meios para a participação dos litigantes no processo e o juiz deverá franquear-lhes estes meios.[208]

Segundo o respeitado Mestre, ao comentar a doutrina processualista, aos direitos de ciência e de reação, pode-se resumir no binômio informação-reação,[209] ou, nas palavras de Luiz Guilherme Marinoni e Daniel Mitidiero, o contraditório firma-se pelo conhecimento-reação, também entendido como bilateralidade de instância.[210]

Marinoni e Mitidiero prosseguem a expor que, na atual acepção do princípio do contraditório, a bilateralidade de instância não é suficiente para legitimar democraticamente o processo.[211] Ao binômio conhecimento-reação, que se entende por contraditório formal, também se concede ao acusado, parte ou interessado, o direito de influência ou contraditório material, de modo que se gera à autoridade decisória, jurisdicional ou administrativa, o dever de fundamentar ou motivar as decisões com argumentos previamente debatidos entre as partes.[212]

O contraditório material legitima o procedimento, pois a acepção formal não garante a observância por parte da autoridade decisória, o que poderia tornar a garantia fundamental mera etapa do procedimento, necessária para impor a regularidade do feito.

Nas palavras de Carlos Alberto Álvaro de Oliveira:[213]

> O último requisito exibe suma importância, visto que o direito fundamental constituiria pura ilusão, se ignorada pelo órgão jurisdicional a participação dos interessados. Em tal hipótese não haveria diálogo, mas monólogo, a contradizer o próprio conceito de processo e afrontar o direito fundamental em análise.

Na seara do Direito Administrativo, Odete Medauar aponta que: "a oportunidade de reagir ante a informação seria vã se não existisse

---

[208] DINAMARCO, Cândido Rangel *et al. Teoria Geral do Novo Processo Civil*. 2. ed. rev. atual. São Paulo: Malheiros, 2017. p. 61.

[209] Idem, p. 63.

[210] MARINONI, Luiz Guilherme *et al. Curso de Direito Constitucional*. São Paulo: Revista dos Tribunais, 2012. p. 647.

[211] Frise-se que os autores tratam do princípio do contraditório na ótica do processo civil.

[212] MARINONI, op. cit., p. 648.

[213] OLIVEIRA, Carlos Alberto Álvaro de. Comentários ao art. 5º, LV. *In*: CANOTILHO, J. J. Gomes *et al.* (Coord.). *Comentários à Constituição do Brasil*. São Paulo: Saraiva/Almedina, 2013. p. 433.

CAPÍTULO 2
AUDIÊNCIAS E CONSULTAS PÚBLICAS NA ADMINISTRAÇÃO PÚBLICA | 97

fórmula de verificar se a autoridade administrativa efetivamente tomou ciência e sopesou as manifestações dos sujeitos".[214]

Pelo cotejo realizado e pela literalidade do mandamento constitucional, é indiscutível que a aplicação do princípio do contraditório abrange os processos administrativos e os processos de cunho não acusatório. Pondera-se, entretanto, se o princípio do contraditório serve como fundamento às audiências públicas.

Ao dissertar sobre o tema, Eduardo Fortunato Bim pondera que as audiências públicas não têm como fundamento o princípio do contraditório,[215] derivando o fundamento desta do direito de participação e de favor legal, no qual o legislador confere a possibilidade de participação da sociedade, de forma obrigatória ou discricionária,[216] na formação da decisão administrativa.

Em sentido oposto, Gustavo Justino de Oliveira entende que a audiência pública: "possibilita aos cidadãos maior e melhor informação e conhecimento sobre as diretrizes dos órgãos administrativos, harmonizando-se com o preconizado no art. 5º, inciso XXXIII, da Constituição da República".[217]

Oliveira conclui que "este caráter informativo integra, ainda, as garantias constitucionais do contraditório e ampla defesa, previstas no art. 5º, inciso LV".[218]

Na doutrina estrangeira, Agustín Gordillo enuncia como fundamento da audiência pública o princípio do contraditório ao estabelecer que este tem íntima ligação com o direito de participação.[219]

Pode-se afirmar que a audiência pública tem como fundamento o princípio do contraditório pelas razões que passarão a ser expostas.

Em primeiro lugar, a garantia fundamental em comento há muito deixou de ser entendida como uma garantia processual referente a processos administrativos ou judiciais de cunho acusatório ou litigioso, notadamente se considerar a acepção material do princípio, relacionado ao direito de influência do interessado no convencimento da autoridade decisória.

---

[214] MEDAUAR, Odete. *Direito Administrativo Moderno*. 21. ed. rev. atual. e ampli. Belo Horizonte: Fórum, 2018. p. 165.

[215] BIM, op. cit., p. 49 a 51.

[216] Idem, p. 49 a 51.

[217] OLIVEIRA, Carlos Alberto Álvaro de. Comentários ao art. 5º, LV. *In*: CANOTILHO, J. J. Gomes *et al*. (Coord.). *Comentários à Constituição do Brasil*. São Paulo: Saraiva/Almedina, 2013. p. 27.

[218] Idem, p. 28.

[219] GORDILLO, op. cit., p. 459.

Apesar de a literalidade da norma constitucional referir-se aos acusados e litigantes, o sentido do princípio de abranger também os envolvidos em processos administrativos que esperam um pronunciamento da Administração Pública de acordo com a manifestação proferida em audiência pública pode ser extraído ao conferir máxima efetividade ao princípio do contraditório.[220] [221]

Em segundo lugar, inobstante o participante de audiência pública não ostentar a qualidade de interessado no processo administrativo em que houve a convocação deste ato de participação popular, é inegável que a própria audiência pública não é um mero ato isolado, revestindo-se, em verdade, em um "subprocedimento"[222] dentro do processo administrativo em curso.

Considerando a natureza procedimental da audiência pública, é inegável que o participante desse ato, apesar de não ostentar a qualidade de interessado no processo administrativo principal, passa a ter interesse na decisão a ser proferida pela autoridade administrativa, para constatar que o argumento exposto na sessão foi levado em consideração na decisão administrativa, ainda que em sentido de discordância.[223]

Deve ser ressalvado, todavia, que admitir o princípio do contraditório como fundamento da audiência pública não significa que o participante do ato terá liberdade plena para manifestar-se e fazer sucessivas réplicas e tréplicas para sustentar o ponto de vista defendido e a ser considerado na decisão da Administração Pública, pois esta permissão desaguaria em ato infinito e sem um rumo definido.

Nesse sentido, é pertinente apontar o ensinamento de Agustín Gordillo ao relatar que a experiência argentina acerca da realização das audiências públicas limita-se à exposição oral do ponto de vista do participante inscrito por tempo determinado, sem a realização de confrontação posterior em réplica a ponto de vista divergente, sendo raros os casos em que a Administração Pública argentina confere o direito à réplica e tréplica aos participantes.[224]

---

[220] Acerca da aplicação do princípio da máxima efetividade, são valiosas as lições de Gilmar Ferreira Mendes que balizam a aplicação deste em maior realce nos direitos fundamentais, por força do disposto no art. 5º, §1º, da Constituição da República. *In*: MENDES, Gilmar Ferreira. BRANCO, Paulo Gustavo Gonet. *Curso de Direito Constitucional*. 10. ed. São Paulo: Saraiva, 2015. p. 95-96.

[221] CABRAL, op. cit., p. 45.

[222] Acerca da natureza jurídica da audiência pública enquanto procedimento, vide: GORDILLO, op. cit., p. 447-448.

[223] A fase decisória das audiências e consultas públicas serão abordadas especificamente na terceira seção deste estudo.

[224] GORDILLO, op. cit., p. 459.

Em suma, além de a audiência pública ter como fundamento o direito de participação, consectário do princípio democrático, também tem como fundamento o direito da sociedade influir no convencimento da autoridade administrativa, acepção material do princípio do contraditório.

Com a junção dos dois princípios, consegue-se extrair a participação popular em conformidade com a democracia material para que o ato de participação popular seja encarado pela Administração Pública além de uma mera etapa,[225] mas sim como uma oportunidade para fomentar o debate e possibilitar a tomada da decisão com maior legitimidade social.

2.4.2.2 Restrição de participação em audiências públicas

Insta investigar, nesta oportunidade, a compatibilização do procedimento da audiência pública com restrições procedimentais referentes à limitação do número de participantes no ato.

Em virtude de a audiência pública ser realizada em sessão, presencial ou eletrônica, e ser caracterizada, segundo a Lei do Processo Administrativo Federal, como a possibilidade de realização de debates orais entre a Administração Pública e particulares, ou entre particulares presentes no ato, há limitação natural relacionada ao número de participantes, para que haja eficiência e fluidez no encaminhamento dos trabalhos.

Eduardo Fortunato Bim leciona no sentido de entender que a restrição de participação e manifestação em audiência e consulta pública é legítima, pois entende que não existe direito subjetivo à participação em audiência pública, na medida em que:

> Sem dúvida a limitação do direito de participação somente deve ocorrer mediante um juízo de razoabilidade, mas não existe direito subjetivo de

---

[225] Nesse sentido, Lúcia Valle Figueiredo: "Obviamente a audiência pública não é para que a Administração apresente categoricamente sua escolha, efetuada anteriormente e, cumpra, apenas e tão-somente, etapa formal. Sua finalidade precípua é a ampla discussão, a ampla transparência, para que sejam exibidos os fundamentos necessários para o modelo escolhido e para que se ouça e se questione a possibilidade da proposição de outras formas." FIGUEIREDO, Lucia Valle. Instrumentos da Administração Consensual. A audiência pública e sua finalidade. *Revista de Direito Administrativo*, v. 230, 2002. Disponível em: http://bibliotecadigital.fgv.br/ojs/index.php/rda/article/view/46344/45115. Acesso em: 24 jun. 2020. p. 241.

participar tendo em vista a escassez de tempo, uma vez que não existe o dever da autoridade alongar os debates para garantir a participação de todos quando o pluralismo participativo já foi garantido.

De qualquer maneira, se houver muitos participantes, caberá à autoridade convocante decidir como resolver a questão, podendo haver sorteio ou escolha por ordem de inscrição, além de escolha de alguns participantes independente da adoção dos métodos anteriores.[226]

Em sentido oposto, entendendo que todos os participantes devem ser ouvidos, só se justificando a restrição do direito de manifestação oral com base no princípio da razoabilidade, Thiago Marrara professa que:

> Todos os participantes que queiram participar do debate, expressando seus comentários e dúvidas, deverão ser ouvidos. Não pode a autoridade excluir o direito de voz de uns em favor de outros. Se preciso, deverá a autoridade estender os debates até que todos os que assim desejem se manifestem. A restrição ao direito de voz apenas se justificará à luz de um juízo de razoabilidade.[227]

Exposto o debate doutrinário, a posição de Eduardo Fortunato Bim é a mais acertada, mas requer temperamentos. A audiência pública, por ser expressão do direito fundamental à participação democrática, como todo e qualquer direito fundamental, não ostenta caráter absoluto e pode sofrer restrições legítimas, em juízo de razoabilidade.

Acerca das restrições no campo dos direitos fundamentais, cumpre destacar as reflexões de Gilmar Ferreira Mendes acerca do tema, ao admitir somente a possibilidade de restrição de direito fundamental diretamente pela norma constitucional ou por lei ordinária derivada de expressa previsão constitucional:

> Os direitos fundamentais enquanto direitos de hierarquia constitucional somente podem ser limitados por expressa disposição constitucional (restrição imediata) ou mediante lei ordinária promulgada com fundamento imediato na própria Constituição (restrição mediata).[228]

---

[226] BIM, op. cit., p. 129.
[227] MARRARA, Thiago. Da instrução. *In*: NOHARA, Irene Patrícia; MARRARA, Thiago. *Processo Administrativo*: Lei n. 9.784/1999 Comentada. São Paulo: Atlas, 2009. p. 244.
[228] MENDES, Gilmar Ferreira. BRANCO, Paulo Gustavo Gonet. *Curso de Direito Constitucional*. 10. ed. São Paulo: Saraiva, 2015. p. 200.

Nessa linha, Ingo Wolfgang Sarlet aponta que "eventuais limitações dos direitos fundamentais somente serão tidas como justificadas se guardarem compatibilidade formal e material com a Constituição".[229]

Assim, a restrição à participação e à manifestação em audiência pública torna-se legítima, pois obedece ao comando do princípio constitucional da eficiência, previsto no art. 37, da Constituição da República, e também está acobertada sob o manto do postulado da razoabilidade, conforme já se entendeu antes.

No entanto, é de se ressaltar que Eduardo Fortunato Bim, na lição anteriormente colacionada, não apontou critérios claros e precisos da restrição de participação e manifestação nas audiências públicas, pois houve exemplificação apenas de utilização de sorteio ou predileção por escolha do participante com direito à manifestação por ordem de inscrição.

A restrição à participação e direito de manifestação em audiência pública, para ser constitucionalmente legítima, deve ser compatibilizada a partir da combinação do princípio do pluralismo, previsto no art. 1º, V,[230] da Constituição da República, com o princípio da impessoalidade, norte da atuação isonômica e imparcial da Administração Pública, prevista no art. 37, da Lei Maior.

Para que haja obediência à democracia material e não transforme a audiência pública em um monólogo ou uma simulacro de abertura democrática na função administrativa, a restrição de participação e manifestação deverá obedecer ao pluralismo reconhecido em sede constitucional, de forma que a Administração Pública permita, ainda de forma restrita, que haja, de forma paritária, inscrições para manifestação oral de pessoas ou entidades da sociedade civil que tenham interesses divergentes e antagônicos.

Além de conformidade à democracia enquanto matéria, trata-se também de questão puramente positivista, na ótica kelseniana de

---

[229] SARLET, Ingo Wolfgang; MARINONI, Luiz Guilherme; MITDIERO, Daniel. *Curso de Direito Constitucional*. São Paulo: Revista dos Tribunais, 2012. p. 335.

[230] Ao abordar a temática da democracia constitucional, Marcelo Andrade Cattoni de Oliveira aponta que faz parte da construção das decisões jurídico-políticas as mais diversas formas de participação e representação políticas dos vários pontos de vista ideológicos presentes na sociedade. Vide: OLIVEIRA, Marcelo Andrade Cattoni de. Comentários ao art. 1º, parágrafo único. *In*: CANOTILHO, J. J. Gomes *et al*. (Coord.). *Comentários à Constituição do Brasil*. São Paulo: Saraiva/Almedina, 2013. p. 139.

democracia, pois o próprio ordenamento jurídico, ao estabelecer de forma genérica a possibilidade de realização de audiências públicas, estabeleceu que a audiência pública se presta para debates sobre matéria relevante, segundo a literalidade do art. 32, da Lei do Processo Administrativo Federal.

Debate pressupõe a troca e o confronto de pontos de vista antagônicos. Até o clássico método de interpretação gramatical nas lições eternizadas de Carlos Maximiliano[231] dá suporte para que a restrição obedeça ao pluralismo que é marca da sociedade brasileira.

Bim, em outra passagem, aponta que, inobstante defender a inexistência de direito subjetivo à participação e manifestação em audiência pública, é dever da Administração Pública garantir o pluralismo de ideias no ato, colocando como possível conduta do Poder Público o envio de convites à diferentes seguimentos da sociedade civil com pontos de vista divergentes e reserva de vaga a pessoas ou entidades de ponto de vista distintos, para evitar polarização.[232]

Em relação à restrição do direito de participação e manifestação em audiência pública obedecer ao princípio constitucional da impessoalidade, insculpido no art. 37, da Lei Maior, defende-se que a Administração Pública deve definir as regras procedimentais restritivas de participação e direito à manifestação, em especial, número de inscrição e tempo para sustentação oral de forma prévia à sessão e expressa no instrumento convocatório, inclusive com divulgação do deferimento dos inscritos a se manifestarem no ato em momento antecedente à sessão e com prazo razoável, para que o interessado apto a falar possa exercer o direito à voz de forma plena e substancial.

Ao fixar previamente as regras restritivas, evita-se atuação casuística da autoridade presidente da sessão de audiência pública e previne-se eventual direcionamento do ato por parte da Administração Pública, consistente em conduta do presidente na condução do ato em sentido de favorecer manifestações convergentes ao entendimento prévio do Poder Público.

---

[231] MAXIMILIANO, Carlos. *Hermenêutica e Aplicação do Direito*. 21. ed. Rio de Janeiro: Forense, 2017. p. 98.

[232] BIM, op. cit., p. 132.

2.4.2.3 Prolongamento e fracionamento das audiências públicas

As audiências públicas, por terem como objeto a realização de debates acerca de matéria transindividual tratada em processo administrativo, são arenas de discussões e colocações de temas complexos e polêmicos.

A complexidade da matéria objeto da sessão oral por vezes demanda prolongamento, ou até mesmo paralisação e suspensão do ato, para melhor estudo por parte da Administração Pública e dos interessados acerca dos diversos pontos de vista antagônicos ali apresentados.

Eduardo Fortunato Bim aponta que é faculdade da Administração Pública o prolongamento das audiências públicas, ou eventual fracionamento do ato, com continuidade em data posterior, por entender que há outros meios de participação (como a consulta pública ou o direito de petição) que podem suprir eventual extensão da sessão.[233]

Nas palavras do respeitado Mestre:

O número de audiências públicas a serem efetuadas compõe a margem de discricionariedade administrativa, bem como a necessidade de se prolongar a sua realização para fora do horário inicialmente previsto ou para o(s) próximos dia(s).

A Administração pode efetuar mais do que uma audiência pública para tratar da matéria, ainda que a sua realização seja facultativa. Entretanto, a interação do cidadão com o Estado via audiência pública é apenas um dos meios participativos possíveis, podendo-se admitir uma única audiência pública ou mesmo não prorrogar o seu funcionamento. O fato de a audiência pública ser obrigatória, ainda que mediante pedido, não tem a capacidade de multiplicar o número de audiências públicas, realizando-se uma por cidade, por comunidade, bairro, Estado-membro etc.

Em nossa jurisprudência, existe exemplo do reconhecimento da discricionariedade administrativa para realizar o número de audiências públicas, rechaçando a possibilidade de o juiz substituir o critério administrativo para estabelecer a quantidade de audiências a serem realizadas. Com efeito, decidiu a Corte Especial do TRF 1ª Reg:

[...]

Ao determinar a realização de grande quantidade de audiências públicas, a decisão de primeiro grau invade a esfera de competência da

---

[233] Ibidem, p. 129.

administração pública, pois cabe ao Ibama, órgão responsável pela realização das políticas públicas nacionais ligadas ao meio ambiente, decidir com base nos critérios de conveniência e oportunidade, a quantidade, o local e o momento propício para a sua realização.[234]

Inobstante haver concordância quanto à margem de discricionariedade acerca da possibilidade de prolongamento, fracionamento e realização de mais de uma sessão da Administração Pública, é lição comezinha da doutrina clássica do Direito Administrativo que discricionariedade não é agir amplo pelo gestor público, e sim margem de liberdade para atuar de acordo com a lei, conforme se observa a partir do magistério de Hely Lopes Meirelles, que distingue com brilhantismo discricionariedade e arbitrariedade:

> Poder discricionário é o que o direito concede à Administração de modo explícito ou implícito, para a prática de atos administrativos com liberdade na escolha de sua conveniência, oportunidade e conteúdo.
>
> Convém esclarecer que poder discricionário não se confunde com poder arbitrário. Discricionariedade e arbítrio são atitudes inteiramente diversas. Discricionariedade é liberdade de ação administrativa, dentro dos limites permitidos em lei; arbítrio é ação contrária ou excedente da lei. Ato discricionário, quando autorizado pelo direito, é legal e válido; ato arbitrário é sempre ilegítimo e inválido.[235]

Nesse sentido, deve haver especial atenção por parte do Administrador Público ao decidir pela realização de audiência pública em determinado processo administrativo de impacto transindividual, porque é possível antever, pela complexidade da matéria, que a realização de apenas uma sessão será insuficiente para a realização dos debates, o que prejudica em termos materiais a participação popular, reduzindo a audiência pública a uma mera formalidade.

A matéria quanto à discricionariedade de realização de mais de uma audiência pública já foi enfrentada pelo Superior Tribunal de Justiça (STJ), no Agravo Regimental na Suspensão de Liminar e de Sentença n. 1.552/BA,[236] ao debater a necessidade de realização do ato

---

[234] Ibidem, p. 129-130.

[235] MEIRELLES, Hely Lopes. *Direito Administrativo Brasileiro*. 10. ed. atual. São Paulo: Revista dos Tribunais, 1984. p. 79-80.

[236] PEDIDO DE SUSPENSÃO DE MEDIDA LIMINAR. LICENÇA AMBIENTAL. AUDIÊNCIAS PÚBLICAS. PRINCÍPIO DA PRECAUÇÃO. Em matéria de meio ambiente vigora o princípio da precaução que, em situação como a dos autos, recomenda a realização

de participação popular em empreendimento portuário no município de Ilhéus/BA.

O Agravo Regimental acima mencionado utilizou-se de funda mentação de decisão monocrática proferida pelo Ministro-Presidente em exercício, do STJ, que reconheceu que o caso reclama a realização de mais de uma audiência pública, conforme já tinha sido objeto de acolhimento pelo Tribunal Regional Federal (TRF) da 1ª Região, de acordo com o trecho que ora se cita:

> [...]
>
> O requerente, em sua extensa exordial, sustenta que o r. decisum proferido pelo em. Desembargador Souza Prudente, do e. Tribunal Regional Federal da 1ª Região, ao conceder antecipadamente a tutela requerida pelo Ministério Público Federal, teria provocado grave lesão à ordem e economia públicas.
>
> A justificar a lesão à ordem pública, o requerente aduz a indevida incursão do Poder Judiciário no juízo de conveniência e oportunidade da Administração Pública. Sustenta que, consoante o conteúdo do art. 2º da Resolução CONAMA nº 09/1987, somente deveria ser realizada uma única audiência pública, não se exigindo a realização de outras, ainda que existente pedido de sociedade civil, do Ministério Público ou do conjunto de cidadãos (fl. 10).
>
> Entretanto, quanto a este ponto, verifico que os argumentos veiculados pelo requerente, a título de justificar a suspensão da liminar, revestem-se, em verdade, de caráter eminentemente jurídico, porquanto focalizam a aplicação da Resolução CONAMA nº 9/1987, a qual estabelece regramento para a realização de audiências públicas destinadas à análise e discussão do Relatório de Impacto Ambiental - RIMA.

Ao julgar o Agravo Regimental, o então Ministro-Presidente do STJ reconheceu que o interesse público, no caso concreto, estaria melhor resguardado com a realização de mais de uma audiência pública do que a concentração da participação popular em uma única sessão:

> Alega o Estado da Bahia que a decisão cujos efeitos se quer suspender causa grave lesão à economia pública, porque impede o licenciamento de empreendimento que trará recursos para o estado. Todavia, o

---

de audiências públicas com a participação da população local. Agravo regimental não provido.

(AgRg na SLS 1.552/BA, Rel. Ministro ARI PARGENDLER, CORTE ESPECIAL, julgado em 16/05/2012, DJe 06/06/2012).

julgado apenas determina a realização de audiências públicas com a participação da população local envolvida e que sofrerá os efeitos daquele empreendimento.

Nesse contexto, e à vista do princípio da precaução, o interesse público parece estar melhor protegido pela decisão impugnada do que pela suspensão dos seus respectivos efeitos.

O precedente do STJ vai ao encontro do posicionamento defendido neste trabalho e garante o fortalecimento da audiência pública enquanto ato de participação popular substancial no seio da função administrativa.

Impende destacar, nesta oportunidade, que o Poder Judiciário pode controlar o procedimento da audiência pública fixado pela Administração Pública, pois as barreiras divisoras do controle de juridicidade e controle de mérito já não têm um marco divisório preciso, notadamente com o reconhecimento dos princípios enquanto norma de alta carga axiológica.[237]

Aponta-se como possibilidade de aprofundamento da sindicabilidade da discricionariedade administrativa as lições do Prof. Juarez Freitas acerca do conceito do direito fundamental à boa Administração Pública defendido por este respeitado Mestre, que define:

> O Estado Democrático, em sua crescente afirmação (nem sempre linear) da cidadania, tem o compromisso de facilitar e prover o acesso ao direito fundamental à boa administração pública, que pode ser

---

[237] Já há vozes que defendem a possibilidade de controle do mérito do ato administrativo pelo Poder Judiciário. Nesse sentido: FARIA, Edimur Ferreira de. *Controle do Mérito do Ato Administrativo pelo Judiciário*. Belo Horizonte: Fórum, 2016. p. 293; ANDRADE, Érica Patrícia Moreira de Freitas. Fundamentos para o controle do mérito do ato administrativo pelo Judiciário: os atos discricionários e os conceitos jurídicos indeterminados. *In*: FARIA, Edimur Ferreira de (Coord.). *Controle da Administração Pública Direta e Indireta e das Concessões*. Belo Horizonte: Fórum, 2018. p. 127 e MARQUES, Rita de Cássia. Políticas Públicas de Saúde e Ato Discricionário: Os Limites do Controle Judicial. *In*: FARIA, Edimur Ferreira de (Coord.). *Controle da Administração Pública Direta e Indireta e das Concessões*. Belo Horizonte: Fórum, 2018. p. 377. Contudo, o entendimento dos autores destacados parte da premissa de possibilidade de controle do mérito a partir de valores e princípios insculpidos na Constituição e em obediência ao postulado da proporcionalidade, o que acaba por redundar em um alargamento do controle de juridicidade, em verdade, para verificar se a opção do administrador está em conformidade com o ordenamento jurídico. Nesse sentido, concorda-se com Celso Antônio Bandeira de Mello, no sentido de que a atividade discricionária é controlada de acordo com a margem conferida pelo ordenamento jurídico, conforme o exposto em: BANDEIRA DE MELLO. Celso Antônio. *Discricionariedade Administrativa e Controle Jurisdicional*. 2. ed. São Paulo: Malheiros, 2012. p. 82-83.

assim compreendido: trata-se do direito fundamental à administração pública eficiente e eficaz, proporcional cumpridora de seus deveres, com transparência, sustentabilidade, motivação proporcional, imparcialidade e respeito à moralidade, à participação social e à plena responsabilidade por suas condutas omissivas e comissivas. A tal direito corresponde o dever de observar, nas relações administrativas, a cogência da totalidade dos princípios constitucionais e correspondentes prioridades.[238]

Os princípios e as regras que compõem o direito fundamental à boa Administração Pública são parâmetros para aferir se o exercício da discricionariedade administrativa, seja em juízo de conveniência ou oportunidade, ou seja para dar significado a determinado conceito jurídico indeterminado de valor, está de acordo com a finalidade de se promover o bem-estar da coletividade, por meio de observância dos direitos fundamentais, pois se exige postura democrática do administrador público, além de exigir motivação racional, proporcional e coerente.

Dessa feita, verifica-se que a atividade administrativa, no exercício da discricionariedade, só será consentânea com o atual paradigma de Estado Democrático de Direito da Constituição da República de 1988 se houver conformação das escolhas públicas com os direitos fundamentais, mediante motivação racional e sempre que possível, ainda que não haja imposição constitucional ou legal, notadamente aos que confiram participação *uti cives* e funcional, modalidades de participação definidas por Eduardo García Enterría e já estudadas nesta oportunidade.[239]

Na doutrina pátria, o princípio da boa administração também é reconhecido por Celso Antônio Bandeira de Mello, que ensina que esta norma está intimamente ligada ao princípio da eficiência,[240] o que converge para as lições de Juarez Freitas e pontifica o caráter vinculante do direito fundamental à boa administração.[241]

Assim, utilizando-se o paradigma do Direito Fundamental à boa Administração Pública, os órgãos de controle podem apreciar as

---

[238] FREITAS, Juarez. *Direito Fundamental à Boa Administração Pública*. 3. ed. São Paulo: Malheiros, 2014. p. 21.

[239] ENTERRÍA, Eduardo Garcia de et al. *Curso de Direito Administrativo*. São Paulo: Revista dos Tribunais, 1990. p. 799 e 807.

[240] BANDEIRA DE MELLO. Celso Antônio. *Curso de Direito Administrativo*. 27. ed. rev. atual. São Paulo: Malheiros, 2010. p. 122-123.

[241] Idem, p. 123.

regras procedimentais que fixam o número de sessão de audiência pública e eventual necessidade de prolongamento do ato, tudo com a finalidade de se atender ao princípio da participação democrática em acepção material.

Paulo Otero, ao tratar do princípio da boa administração na experiência da União Europeia, aponta que:

(i) O mérito da atuação administrativa, segundo o princípio da boa administração, encontra-se pautado e sopesado pela proporcionalidade;

(ii) A proporcionalidade estabelece e envolve, deste modo, uma relação entre a legalidade e o mérito do agir administrativo, ultrapassando-se a clássica rigidez dicotômica entre ambos os hemisférios.[242]

É perfeitamente possível o controle externo dos atos do gestor público relacionados à necessidade do número de sessões de audiência pública, bem como eventual prolongamento ou adiamento do ato para reflexões e amadurecimento em relação ao tema. Esta apuração será realizada a partir do postulado da proporcionalidade, ao se cruzar a necessidade de realização de mais de uma sessão de debates orais com a matéria objeto do processo administrativo.

Ressalta-se, por derradeiro, que referido controle deverá seguir as balizas estabelecidas pela LINDB, através das inovações introduzidas pela Lei n. 13.655/2018, notadamente o art. 21,[243] necessitando que haja indicação clara e expressa na decisão controladora das consequências nefastas à democracia material, pois a consequente redução ou realização de apenas uma sessão de audiência pública, em matéria transindividual de complexidade imensurável, pode reduzir o ato apenas a um aspecto meramente formal e a um teatro de democracia no seio da Administração Pública.

---

[242] OTERO, op. cit., p. 273.

[243] Art. 21. A decisão que, nas esferas administrativa, controladora ou judicial, decretar a invalidação de ato, contrato, ajuste, processo ou norma administrativa deverá indicar de modo expresso suas consequências jurídicas e administrativas.
Parágrafo único. A decisão a que se refere o **caput** deste artigo deverá, quando for o caso, indicar as condições para que a regularização ocorra de modo proporcional e equânime e sem prejuízo aos interesses gerais, não se podendo impor aos sujeitos atingidos ônus ou perdas que, em função das peculiaridades do caso, sejam anormais ou excessivos.

CAPÍTULO 3

FASE DECISÓRIA DAS AUDIÊNCIAS E CONSULTAS PÚBLICAS

3.1 Direito subjetivo em ver os argumentos deduzidos considerados na decisão administrativa

A finalidade essencial da audiência pública, conforme já exposto neste estudo, é permitir que sejam fornecidos argumentações e subsídios à autoridade administrativa, de modo que a decisão a ser proferida no processo administrativo ganhe em termos qualitativos, porque será objeto de análise pelo gestor público diversos pontos de vista, em grande parte, divergentes entre uns e outros.

Assim, a Lei n. 9.784/1999 prevê como dever do administrador e garantia do participante dos atos de participação popular na função administrativa que os resultados da consulta pública, da audiência pública e outros meios de participação deverão ser apresentados nos respectivos autos administrativos, consoante o disposto no art. 34: "Art. 34. Os resultados da consulta e audiência pública e de outros meios de participação de administrados deverão ser apresentados com a indicação do procedimento adotado".

José dos Santos Carvalho Filho, ao comentar o presente dispositivo, aponta a existência de duas obrigações impostas à Administração Pública: 1) a indicação do resultado; e 2) a indicação do procedimento adotado e a forma de tramitação.[244]

---

[244] CARVALHO FILHO, José dos Santos. *Manual de Direito Administrativo*. 31. ed. rev. atual. e ampl. São Paulo: Atlas, 2017. p. 195.

Nas palavras do respeitado Mestre:

> São duas as obrigações do órgão administrativo. A primeira é a de formalizar o resultado obtido no meio de participação, relatando os opinamentos, os debates e tudo o que for necessário para alcançar uma conclusão, ainda que esta não tenha sido capaz de permitir definição suficiente para ensejar o convencimento do administrador sobre a matéria relevante. Importante, pois, é que o resultado fique formalizado. A formalização pode estar nos próprios autos como também em autos apensados, se o órgão tiver optado por este expediente para não tumultuar a tramitação do processo original.
>
> Além do resultado, deverá também ser indicado o procedimento que a Administração adotou como forma de participação de terceiros no processo para a discussão da matéria relevante. A indicação do procedimento implica logicamente na informação sobre como se processou a tramitação do incidente, possibilitando o confronto entre o meio escolhido e a forma como se deu a participação.[245]

Gustavo Justino de Oliveira, ao tratar especificamente das audiências públicas, coloca que apenas a consideração total do que foi tratado nas sessões é que fortalecerá o mecanismo de participação popular como instrumento material de legitimação democrática da função administrativa:

> Deve ser salientado o caráter pedagógico dessas audiências, pois estabelece-se uma real oportunidade de conscientização e educação da população sobre as diretrizes e políticas públicas.
>
> Entretanto, para ser considerado um mecanismo cooperativo útil, tudo aquilo que foi discutido em sede de audiência pública deve ser considerado pelo órgão administrativo "decididor".
>
> A concordância dos cidadãos com os provimentos emitidos pelos centros administrativos competentes – pois seus pleitos, opiniões e sugestões foram ao menos apreciados – acarretará uma maior legitimidade do poder estatal.[246]

Antonio do Passo Cabral leciona no sentido de que as audiências públicas, em específico, são fundamentadas no princípio do contraditório, fazendo especial menção ao contraditório material, razão

---

[245] Idem, p. 195.

[246] OLIVEIRA, Gustavo Justino de. *Direito Administrativo Democrático*. Belo Horizonte: Fórum, 2010. p. 27.

CAPÍTULO 3
FASE DECISÓRIA DAS AUDIÊNCIAS E CONSULTAS PÚBLICAS

pela qual há um dever constitucionalmente imposto ao gestor público em considerar todas as manifestações populares colhidas no ato, seja para acolhê-las ou para rejeitá-las.[247]

Para Cabral, condicionar a consideração das manifestações populares colhidas nas audiências públicas é fundamento essencial que caracteriza uma sociedade republicana e pluralista:

> A audiência pública é uma reunião aberta em que a autoridade responsável colhe da comunidade envolvida suas impressões e demandas a respeito de um tema que será objeto de decisão administrativa. Cabe frisar que não só o consenso é objetivado na audiência pública, tendo também o dissenso preciosa valia. Isso porque os institutos de consulta pública se inserem na abertura do cânone interpretativo do princípio do contraditório como direito de influenciar a formação da decisão estatal no processo administrativo, sendo esse o primeiro grande efeito processual da audiência que procuraremos aqui ressaltar.
>
> Como já tivemos oportunidade de salientar em outra ocasião, conceber as manifestações sociais em processos deliberativos, como o direito de condicionar a tomada de decisões estatais vinculativas, é uma imagem republicana de uma sociedade policêntrica, em que os pólos [sic] decisórios não representam nichos de concentração de poder, mas o equilíbrio entre os pontos de vista existentes no corpo comunitário, o balanceamento centrífugo das forças sociais, ainda que divergentes.[248]

Não se pode deixar de considerar que é necessário que a Administração Pública utilize de todos os argumentos proferidos nos procedimentos de manifestação popular, por se tratar de dever vinculado ao contraditório material, conforme já ressaltado, bem como por ser garantia posta em favor do cidadão, para compreender o caminho fático e jurídico percorrido pelo gestor público na tomada de decisão estatal.[249]

Reforça-se que o dever de manifestação dos atos estatais ganhou reforço legislativo com as alterações promovidas na LINDB pela Lei n. 13.655/2018, pois se passou a exigir ônus argumentativo maior das

---

[247] CABRAL, Antonio do Passo. Os efeitos processuais da audiência pública. *In*: *Boletim Científico da Escola Superior do Ministério Público da União*. n. 24 e n. 25 - Julho/Dezembro de 2007. Disponível em: http://boletimcientifico.escola.mpu.mp.br/boletins/boletim-cientifico-n.-24-e-n.-25-julho-dezembro-de-2007-1/os-efeitos-processuais-da-audiencia-publica. Acesso em: 13 jun. 2020. p. 44-45.

[248] Idem, p. 44-45.

[249] OTERO, Paulo. *Direito do Procedimento Administrativo*. Volume I. Coimbra: Almedina, 2016. p. 577.

autoridades administrativa, controladora e judicial na motivação das decisões que impactem a função administrativa, conforme a literalidade do art. 20 e 21.[250]

Antes mesmo da fixação de normas gerais de interpretação e aplicação das normas de direito público introduzidas na LINDB pela legislação acima mencionada, já era possível sustentar a aplicação das regras de fundamentação das decisões judiciais do Código de Processo Civil (CPC) de 2015, inclusive as hipóteses que se consideram não fundamentadas às decisões, previstas no art. 489, §1º, bem como as diretrizes de fundamentação para hipóteses de colisão de normas.[251]

A aplicação das regras de fundamentação do processo civil ao processo administrativo é permitida a partir do disposto no art. 15, da legislação processual codificada, que autoriza a aplicação subsidiária e supletiva do CPC ao processo administrativo: "Art. 15. Na ausência de normas que regulem processos eleitorais, trabalhistas ou

---

[250] Art. 20 . Nas esferas administrativa, controladora e judicial, não se decidirá com base em valores jurídicos abstratos sem que sejam consideradas as consequências práticas da decisão.
Parágrafo único. A motivação demonstrará a necessidade e a adequação da medida imposta ou da invalidação de ato, contrato, ajuste, processo ou norma administrativa, inclusive em face das possíveis alternativas."
Art. 21 . A decisão que, nas esferas administrativa, controladora ou judicial, decretar a invalidação de ato, contrato, ajuste, processo ou norma administrativa deverá indicar de modo expresso suas consequências jurídicas e administrativas.
Parágrafo único. A decisão a que se refere o *caput* deste artigo deverá, quando for o caso, indicar as condições para que a regularização ocorra de modo proporcional e equânime e sem prejuízo aos interesses gerais, não se podendo impor aos sujeitos atingidos ônus ou perdas que, em função das peculiaridades do caso, sejam anormais ou excessivos.

[251] Art. 489. [...]
§ 1º Não se considera fundamentada qualquer decisão judicial, seja ela interlocutória, sentença ou acórdão, que:
I - se limitar à indicação, à reprodução ou à paráfrase de ato normativo, sem explicar sua relação com a causa ou a questão decidida;
II - empregar conceitos jurídicos indeterminados, sem explicar o motivo concreto de sua incidência no caso;
III - invocar motivos que se prestariam a justificar qualquer outra decisão;
IV - não enfrentar todos os argumentos deduzidos no processo capazes de, em tese, infirmar a conclusão adotada pelo julgador;
V - se limitar a invocar precedente ou enunciado de súmula, sem identificar seus fundamentos determinantes nem demonstrar que o caso sob julgamento se ajusta àqueles fundamentos;
VI - deixar de seguir enunciado de súmula, jurisprudência ou precedente invocado pela parte, sem demonstrar a existência de distinção no caso em julgamento ou a superação do entendimento.
§ 2º No caso de colisão entre normas, o juiz deve justificar o objeto e os critérios gerais da ponderação efetuada, enunciando as razões que autorizam a interferência na norma afastada e as premissas fáticas que fundamentam a conclusão.

administrativos,[252] as disposições deste Código lhes serão aplicadas supletiva e subsidiariamente."

Utilizar-se normas de processo judicial em processos administrativos não é assunto novo ou polêmico,[253] a questão que merece

---

[252] Grifos nossos.

[253] A jurisprudência do STJ já possibilitou a aplicação de norma processual penal em processo administrativo disciplinar, ante a similitude do objeto tratado, tendo em vista que ambos possuem viés acusatório e sancionador, vide:
ADMINISTRATIVO E PROCESSUAL CIVIL. RECURSO ORDINÁRIO EM MANDADO DE SEGURANÇA. PROCEDIMENTO ADMINISTRATIVO DISCIPLINAR. OFICIAL DE REGISTRO DO ESTADO DO ESPÍRITO SANTO. APLICAÇÃO DE PENA DE SUSPENSÃO. PRETENSÃO DE QUE SEJA APLICADA, POR ANALOGIA, A LEI N. 8.112/1990. IMPOSSIBILIDADE. IMPERTINÊNCIA DA ALEGAÇÃO DE NULIDADE DO PROCEDIMENTO ADMINISTRATIVO POR AUSÊNCIA DA PARTICIPAÇÃO DE ADVOGADO. SÚMULA VINCULANTE N. 5 DO STF.
1. O recorrente, oficial do cartório do 1º ofício da Comarca de Ibiraçu-ES, pretende a aplicação, por analogia, do art. 131 da Lei n. 8.112/1990 para que, declarada a "prescrição" (sic) da pena de advertência que já lhe foi aplicada, seja declarada ilegal a pena de suspensão que lhe foi aplicada em posterior processo administrativo, em razão de reincidir em ato passível de pena de advertência. Pretende, ainda, a declaração de nulidade do procedimento administrativo que culminou na aplicação da pena de suspensão, por entender ofendido o devido processo legal, uma vez que não houve a participação de advogado em todas as fases do processo.
2. O Supremo Tribunal Federal editou a Súmula Vinculante n. 5, cujo teor é no sentido de que "a falta de defesa técnica por advogado no processo administrativo disciplinar não ofende a Constituição".
Assim, o fato de o recorrente ter optado por não contratar advogado para proceder à sua defesa no procedimento administrativo não gera nulidade, mormente considerado o fato de que houve observância ao princípio do devido processo legal.
3. "O egrégio Supremo Tribunal Federal, ao interpretar a Emenda Constitucional n. 20, de 15 de dezembro de 1998, assentou entendimento segundo o qual os notários e registradores não estão enquadrados na definição de servidores públicos efetivos (ADI n. 2.602-DF, Relator Ministro Joaquim Barbosa, Relator para acórdão Ministro Eros Grau, DJ de 31 de março de 2006). Diante disso, não ressoa lógico aplicar o diploma legal, que justamente cuida dos servidores públicos federais, a quem labora em caráter privado, com delegação do Poder Público" (EDcl no RMS 26.548/PR, Rel. Ministro Benedito Gonçalves, Primeira Turma, DJe 11/10/2010).
4. Em razão de não haver previsão legal determinando o cancelamento do registro da pena de advertência que fora imposta ao recorrente, pelo fato de a Lei n. 8.112/1990 não ser aplicável aos oficiais de registro e considerando que a Lei n. 8.935/1994 não dispõe a respeito da questão, deve-se aplicar, por analogia, nos termos do art. 4º da Lei de Introdução ao Código Civil e do art. 126 do Código de Processo Civil, a regra geral constante do Código Penal, art. 64, inciso I, segundo a qual "para efeito de reincidência não prevalece a condenação anterior, se entre a data do cumprimento ou extinção da pena e a infração posterior tiver decorrido período de tempo superior a 5 (cinco) anos".
5. Nessa linha de raciocínio e no caso dos autos, observa-se não haver direito líquido e certo a ser amparado, pois não decorrido tempo superior a 5 anos entre a pena de advertência aplicada no ano de 1999 e o ato praticado pelo recorrente, passível de nova pena de advertência, que foi realizado no ano de 2003.
6. Recurso ordinário não provido.
(RMS 29.036/ES, Rel. Ministro BENEDITO GONÇALVES, PRIMEIRA TURMA, julgado em 03/03/2011, DJe 16/03/2011).

enfoque é a possibilidade de sustentar a aplicação de norma do CPC, voltada essencialmente a processos litigiosos aos procedimentos administrativos de participação popular, os quais não têm, em regra, aspecto litigioso, acusatório ou sancionador.

Quanto a essa possível barreira de aplicação das normas processuais civis ao processo administrativo, pondera-se que a aplicação supletiva e subsidiária das normas processuais civis ao processo administrativo, na hipótese de ampliação da motivação das decisões em procedimentos que foram realizados atos de participação popular, terá como campo as normas gerais de processo,[254] sendo inegável que a fundamentação da decisão judicial, prevista no art. 489, do CPC, trata-se de norma geral, pois está umbilicalmente ligada ao princípio do contraditório material.[255]

Em primeiro lugar, aponta-se que a Lei do Processo Administrativo Federal estabelece, no art. 50, §1º, a exigência de que a motivação dos atos administrativos, incluídos os atos de cunho decisório, deve ser explícita, clara e congruente,[256] não havendo qualquer outra regra a respeito desse tema, notadamente na possibilidade de se considerar não motivados atos decisórios, razão pela qual se pode aplicar as hipóteses legais que não consideram fundamentadas decisões judiciais aos atos decisórios no processo administrativo.

Em segundo lugar, coloca-se que o CPC não regulamenta apenas processos judiciais de cunho litigioso, pois há previsão da jurisdição voluntária, de modo que o Poder Judiciário realiza atividade administrativa com a finalidade de conferir eficácia a ato ou negócio jurídico que o legislador entendeu por relevante merecer a chancela da jurisdição, assim, Cândido Rangel Dinamarco ensina que até nesta modalidade de tutela jurisdicional deve haver respeito ao núcleo duro das normas do CPC, ao especificar a necessidade de se observar a imparcialidade do magistrado nos processos de jurisdição voluntária.[257]

---

[254] Acerca da aplicação subsidiária das normas gerais de processo civil ao processo administrativo, por considerar que as normas fundamentais do processo civil fazem parte de um todo maior relacionado à Teoria do Processo, vide: FERRAZ, Sérgio; DALLARI, Adilson Abreu. *Processo Administrativo*. 3. ed. rev. e ampl. São Paulo: Malheiros, 2012 p. 141, 162.

[255] MARINONI, Luiz Guilherme *et al. Curso de Direito Constitucional*. São Paulo: Revista dos Tribunais, 2012. p. 647.

[256] Art. 50. [...]
§ 1º. A motivação deve ser explícita, clara e congruente, podendo consistir em declaração de concordância com fundamentos de anteriores pareceres, informações, decisões ou propostas, que, neste caso, serão parte integrante do ato.

[257] DINAMARCO, Cândido Rangel *et al. Teoria Geral do Novo Processo Civil*. 2. ed. rev. atual. São Paulo: Malheiros, 2017. p. 81. Segundo Dinamarco: "Diante dessa inclusão da jurisdição

CAPÍTULO 3
FASE DECISÓRIA DAS AUDIÊNCIAS E CONSULTAS PÚBLICAS | 115

Em terceiro lugar, milita-se em favor da aplicação das normas do CPC supletiva e subsidiariamente ao processo administrativo a ampliação do conceito do princípio do contraditório material para os processos de caráter não litigiosos, já defendido na segunda seção deste estudo.

A título de rápida lembrança, defendeu-se que o princípio do contraditório material, em uma interpretação que lhe confira máxima efetividade, deve ser alargado para abranger o direito de ver considerado os argumentos pela autoridade decisória na oportunidade em que alguém for instado, voluntária ou compulsoriamente, a manifestar-se em procedimento administrativo.

Exposto esse arcabouço jurídico, afirma-se que existe o dever jurídico da autoridade decisória levar em consideração todos os argumentos expostos nas audiências públicas e nas consultas públicas, de forma que surge para o participante do ato, que manifestou sua opinião quanto ao tema do processo administrativo, o direito subjetivo de ver seu argumento enfrentado pelo gestor público, ainda que seja para rejeitá-lo mediante motivação racional e específica.

3.2 O dever de decidir nas consultas públicas: o agrupamento de respostas para decisão única da administração pública

Em se tratando especificamente das consultas públicas, a defesa da existência do direito subjetivo do participante do ato de participação popular é mais robusta, haja vista que a Lei do Processo Administrativo Federal, no art. 31, §2º, estabelece a seguinte disposição:

> Art. 31. [...]
> § 2º O comparecimento à consulta pública não confere, por si, a condição de interessado do processo, mas confere o direito de obter da Administração resposta fundamentada, que poderá ser comum a todas as alegações substancialmente iguais.

---

voluntária no conceito de jurisdição, suas características distintivas quando comparada com a contenciosa são essas: (a) não consiste em dirimir diretamente conflitos entre as partes, (b) consequentemente, não são julgadas pretensões antagônicas, (c) destina-se a dar tutela a uma das partes previamente determinada, ou a ambas, sem se colocar para o juiz a escolha entre tutelar uma delas ou a outra, (d) é invariavelmente exercida por juízes integrantes do Poder Judiciário e (e) deve sempre ser exercida pelo juiz com inteira imparcialidade."

Na consulta pública prevista no art. 29, da Lei de Introdução às Normas do Direito Brasileiro, incluído pela Lei n. 13.655/2018, o dispositivo legal referiu que a manifestação popular deverá ser considerada na decisão:

> Art. 29. Em qualquer órgão ou Poder, a edição de atos normativos por autoridade administrativa, salvo os de mera organização interna, poderá ser precedida de consulta pública para manifestação de interessados, preferencialmente por meio eletrônico, a qual será considerada na decisão.

Questão delicada, ao tratar da consulta pública prevista na LINDB, é obrigação da autoridade decisora considerar individualmente cada opinião emitida, pois o Decreto n. 9.830/2019, que tem por finalidade a regulamentação das normas gerais e de interpretação de Direito Público incluídas na LINDB, assim dispôs em relação às consultas públicas:

> **Consulta pública para edição de atos normativos**
>
> Art. 18. A edição de atos normativos por autoridade administrativa poderá ser precedida de consulta pública para manifestação de interessados, preferencialmente por meio eletrônico.
>
> § 1º A decisão pela convocação de consulta pública será motivada na forma do disposto no art. 3º.
>
> § 2º A convocação de consulta pública conterá a minuta do ato normativo, disponibilizará a motivação do ato e fixará o prazo e as demais condições.
>
> § 3º A autoridade decisora não será obrigada a comentar ou considerar individualmente as manifestações apresentadas e poderá agrupar manifestações por conexão e eliminar aquelas repetitivas ou de conteúdo não conexo ou irrelevante para a matéria em apreciação.
>
> § 4º As propostas de consulta pública que envolverem atos normativos sujeitos a despacho presidencial serão formuladas nos termos do disposto no Decreto nº 9.191, de 1º de novembro de 2017.

O cerne da inquietação é a norma disposta acima, que excluiu a apreciação individual das respostas às consultas públicas fundadas no art. 29 da LINDB.

Em tese, poder-se-ia, em um plano inicial, defender a legalidade da norma, pois há regra geral, estabelecida na Lei do Processo Administrativo Federal, aplicável a todas as consultas públicas, que permite

CAPÍTULO 3
FASE DECISÓRIA DAS AUDIÊNCIAS E CONSULTAS PÚBLICAS | 117

o agrupamento de manifestações iguais para única resposta por parte da autoridade decisora.

Conquanto seja razoável a organização coletiva das respostas a serem formuladas pela Administração Pública, pois a única limitação procedimental relevante na consulta pública é a fixação do prazo para manifestação popular, sem restrição da quantidade de participantes, o que demanda esforço do Poder Público para responder às opiniões dos cidadãos e entidades da sociedade civil em tempo hábil e de acordo com a eficiência prevista no art. 37, da Constituição da República, não se pode utilizar da amplitude da consulta pública como forma de aniquilar materialmente o direito à participação.

A norma regulamentadora, em nosso entender, está indo além do texto normativo que lhe confere suporte de validade, porque o art. 29, da LINDB, em sua literalidade, atribuiu a necessidade da resposta à consulta pública ser considerada na decisão que editar o ato normativo, havendo, pela norma regulamentadora, limitação ao direito de resposta por parte do participante do ato e aumento do campo discricionário decisório do gestor público, em total contrafluxo ao espírito que animou o legislador para editar a Lei n. 13.655/2018.[258]

A melhor compatibilização do agrupamento das respostas às manifestações na consulta pública fundada no art. 29, da LINDB, é a partir da conjugação desta com o art. 32, §2º, da Lei do Processo Administrativo Federal, que confere à Administração Pública a faculdade de emitir uma resposta às opiniões substancialmente iguais.

Na norma que estabelece o rito padrão da Administração Pública Federal, o legislador teve a cautela de pontuar que a faculdade do agrupamento de opiniões para a elaboração de resposta única por parte da Administração Pública ocorrerá naquelas que sejam iguais na substância, o que resguarda e fortalece o instituto como mecanismo

---

[258] Celso Antônio Bandeira de Mello pontua que os regulamentos, para serem compatíveis com o princípio da legalidade, devem servir às seguintes finalidades: "I) limitar a discricionariedade administrativa, seja para (a) dispor sobre o modus procedendi da Administração nas relações que necessariamente surdirão entre ela e os administrados por ocasião da execução da lei; (b) caracterizar fatos, situações ou comportamentos enunciados na lei mediante conceitos vagos cuja determinação mais precisa deva ser embasada em índices, fatores ou elementos configurados a partir de critérios ou avaliações técnicas segundo padrões uniformes, para garantia do princípio da igualdade e da segurança jurídica; (II) decompor analiticamente o conteúdo de conceitos sintéticos, mediante simples discriminação integral do que neles se contém.". BANDEIRA DE MELLO. Celso Antônio. *Curso de Direito Administrativo*. 27. ed. rev. atual. São Paulo: Malheiros, 2010. p. 366.

legítimo de participação democrática no seio administrativo do Estado e evita a conduta do gestor público de reunir opiniões semelhantes e desconsiderar eventual peculiaridade em alguma das manifestações a serem analisadas conjuntamente.

Considerando que a Lei do Processo Administrativo Federal tem o escopo de estabelecer a fixação geral das regras procedimentais no seio da função administrativa federal, deve-se compatibilizar o disposto no art. 18, §3º, do Decreto n. 9.830/2019, com o art. 31, §2º, da Lei n. 9.784/1999, para fixar o entendimento de que as consultas públicas fundadas no art. 29, da LINDB, só poderão ser agrupadas para resposta conjunta da Administração Púbica se forem opiniões emitidas por cidadãos ou entidades da sociedade civil que sejam substancialmente iguais, excluindo-se da apreciação aquela que conste particularidade que destoe, na substância, da identidade que permitiria o agrupamento das opiniões.

Interpretar isoladamente o art. 18, §3º, do regulamento acima exposto, vai em sentido contrário à democracia material e tem potencial de transformar a consulta pública para edição de ato normativo em apenas um procedimento formal de participação popular, apenas para conferir uma legitimidade democrática disfarçada na atuação da Administração Pública.

3.3 Ausência de vinculação da administração pública

Firmado o entendimento da existência de direito subjetivo do cidadão ou entidade da sociedade civil em ver seus argumentos considerados na decisão do processo administrativo em que foi realizada a consulta ou audiência pública, insta investigar a vinculação do Poder Público às manifestações proferidas nos atos de participação popular.

Conforme já abordado neste estudo, a finalidade da audiência pública e da consulta pública, por força das disposições constantes na Lei do Processo Administrativo Federal e na Lei de Introdução às Normas de Direito Brasileiro é de fornecer subsídios para que a autoridade tome uma decisão com maior qualidade, ou seja, o escopo principal é instrutório.

Por ter como finalidade essencial a instrução de posterior decisão administrativa, não há vinculação da autoridade aos termos proferidos pelos administrados nos atos de manifestação popular.

Eduardo Fortunato Bim ensina que:

> Aliás, é impróprio falar em resultado de audiência pública, uma vez que nela não se vota sim ou não, apenas se colhem sugestões, opiniões e comentários do cidadão. Ainda que alguns cidadãos sejam contra a possível medida estatal a ser tomada, a pluralidade de pontos de vista sob o tema discutido, a ausência de cidadania em sentido estrito (capacidade eleitoral ativa), o que se permitiria alcançar a vontade geral, impedem que se possa ter algum resultado, do ponto de vista jurídico.[259]

Gustavo Justino de Oliveira, por vez, ressalva a possibilidade do efeito vinculante da audiência pública, desde que este ato de participação popular tenha como previsão no ordenamento jurídico a finalidade de deliberação sob determinada matéria a cabo da Administração Pública.[260]

Para Oliveira:

> Salvo disposição legal em contrário, o resultado da audiência pública inserida nesta fase processual não vincula os órgãos públicos. É que a participação popular levada a efeito teve a finalidade de possibilitar a manifestação de opiniões, propostas e, sobretudo, informar a Administração e cidadãos.
>
> [...]
>
> Por outro lado, se inserida na fase processual de decisão, o resultado da audiência será vinculante para a Administração.[261]

Antonio do Passo Cabral concorda com a ausência de vinculação das manifestações populares na decisão administrativa,[262] mas pontua a importância da participação popular, ao lecionar sobre a audiência pública, na construção do conceito de interesse público em termos concretos:

> [...] já foi salientado anteriormente que a audiência pública, apesar de condicionante, não vincula a decisão do órgão administrativo. No entanto, o resultado dos debates e da consulta não é despido de qualquer

---

[259] BIM, Eduardo Fortunato. *Audiências Públicas*. 6. ed. São Paulo: Revista dos Tribunais 2014. p. 85.

[260] OLIVEIRA, Gustavo Justino de. *Direito Administrativo Democrático*. Belo Horizonte: Fórum, 2010. p. 28-29.

[261] Idem, p. 28-29.

[262] CABRAL, op. cit., p. 50.

função. Posto que não vinculante, o resultado da audiência atua como vetor interpretativo e concretizador do interesse público.[263]

Não restam dúvidas acerca da regra de não vinculação das audiências e consultas públicas por parte da autoridade administrativa. Contudo, apesar do gestor público não estar adstrito aos debates firmados em audiência pública ou alegações lançadas em consultas públicas, a este não é dada plena liberdade de ignorar as manifestações populares e democráticas, notadamente quando houver dissenso entre o posicionamento da Administração Pública e as colocações dos cidadãos. José dos Santos Carvalho Filho pontua:

> Justamente por ser relevante a matéria a ser discutida, a opinião pública não pode ser infundada e singelamente desconsiderada, ainda que se ponha em lado diverso do que a Administração pretende adotar. Havendo consenso entre as ideais administrativa e popular, nenhum problema deverá surgir. Caso haja discrepância, no entanto, a Administração tem o dever de demonstrar as razões por que tomou direção diversa da que sugeriu a sociedade civil. Não significa que não possa fazê-lo, mas lhe caberá explicitar transparentemente os motivos a fim de que se lhes possa aferir a legitimidade.[264]

Em acréscimo, Antonio do Passo Cabral pontua que a discordância da Administração Pública com as colocações populares gera ônus argumentativo maior na tomada da decisão por parte do gestor público:

> No entanto, a audiência pública tem efeitos que tocam também a disciplina do direito processual, dentre os quais procuramos destacar três: a) o efeito de atuar o princípio do contraditório no processo administrativo, na sua compreensão moderna como o direito de influenciar a formação da vontade estatal; b) o efeito de impor ônus argumentativo ao administrador e ao magistrado, caso queiram decidir contrariamente às conclusões derivadas do resultado da consulta pública; e c) a eficácia probatória da audiência pública,
>
> que pode, respeitados outros princípios processuais, ser de enorme valia no acertamento de fatos que embasem a demanda judicial posteriormente instaurada ou mesmo que evitem a litigância, estimulando a composição amigável em sede administrativa.[265]

---

[263] Idem, p. 50.

[264] CARVALHO FILHO, José dos Santos. *Processo Administrativo Federal*: Comentários à Lei n. 9.784/99. 5. ed. rev. e atual. São Paulo: Atlas, 2013. p. 193-194.

[265] CABRAL, op. cit., p. 61.

Além da necessidade de imposição de maior ônus argumentativo em caso de dissenso da Administração Pública com as manifestações populares ser fundada no princípio do contraditório, conforme a lição acima exposta, coloca-se outro limitador à atividade administrativa: o princípio do direito fundamental à boa Administração Pública, já aqui estudado e delimitado por Juarez Freitas como redutor e controlador da atividade discricionária do Estado-Administração.[266]

A regra geral, no ordenamento jurídico brasileiro, é que as audiências e consultas públicas são realizadas por juízo discricionário da autoridade administrativa. Esta tem, em regra, a margem conferida pelo ordenamento jurídico em optar pela realização da participação popular no seio do processo administrativo.

Ao realizar juízo positivo em favor das manifestações populares, há nítida limitação no espectro decisório do gestor público, pois este terá que conformar a deliberação com a matéria tratada em audiência ou consulta pública, pois, caso tivesse a opção de não realizar o ato, bastaria ficar inerte, silêncio o qual é lícito pela generalidade posta no ordenamento jurídico brasileiro em relação à margem de discricionariedade da autoridade para convocar os instrumentos de democracia participativa no seio da função administrativa.

Silenciando-se intencionalmente ou proferindo motivação deficiente, a decisão apoiada nas audiências e nas consultas públicas fica maculada por ofensa ao contraditório material, ao direito fundamental de participação democrática e ao direito fundamental à boa Administração Pública, sendo legítimo ao cidadão ou entidade da sociedade civil que teve a manifestação preterida no espectro decisório o manejo de recursos na via administrativa ou provocar os órgãos de controle externo, notadamente o Poder Judiciário, com a finalidade de compelir a Administração Pública a responder, de forma específica e substancial, as alegações escritas proferidas nas consultas públicas ou à manifestação oral proferida na audiência pública.

Aplica-se, em arremate, a doutrina do silêncio administrativo, consistente, segundo Celso Antônio Bandeira de Mello:

> Em alguns casos a lei atribui dado efeito ao silêncio. Estabelece que, decorrido *in albis* o prazo nela previsto para pronunciamento da Administração, considera-se deferida ou indeferida (que é o mais comum)

---

[266] FREITAS, Juarez. *Direito Fundamental à Boa Administração Pública*. 3. ed. São Paulo: Malheiros, 2014. p. 21.

a pretensão do administrado ou, então, que o ato sob controle está confirmado ou infirmado.

[...]

Nos casos em que a lei nada dispõe, as soluções seguem, *mutatis mutandis*, equivalente diapasão. Decorrido o prazo legal previsto para a manifestação administrativa, se houver prazo normativamente estabelecido, ou, não havendo, se já tiver decorrido tempo *razoável* (cuja dilação em seguida será mencionada), o administrado poderá, conforme a hipótese, demandar judicialmente:

a) que o juiz supra a ausência de manifestação administrativa e determine a concessão do que fora postulado, se o administrado tinha *direito* ao que pedira, isto e, se a Administração estava *vinculada quanto ao conteúdo do ato* e era obrigatório o deferimento da postulação;

b) que o juiz assine prazo para que a Administração se manifeste, sob cominação de multa diária, *se a Administração dispunha de discrição administrativa no caso*, pois o administrado fazia jus a um pronunciamento motivado, mas tão-somente a isto.[267]

---

[267] BANDEIRA DE MELLO, op. cit., p. 413 e 416. Na jurisprudência, pode-se citar os seguintes precedentes:
REMESSA NECESSÁRIA. ATOS ADMINISTRATIVOS. SERVIDOR PÚBLICO. REQUERIMENTO DE INTERRUPÇÃO DE LICENÇA NÃO REMUNERADA. SILÊNCIO ADMINISTRATIVO. VIOLAÇÃO DOS PRINCÍPIOS DA EFICIÊNCIA E DEVIDO PROCESSO ADMINISTRATIVO. CONDUTA ENSEJADORA DE RESPONSABILIDADE CIVIL DO ESTADO. SENTENÇA MANTIDA. 1. O autor, servidor público do município de Tururu-CE, solicitara à administração municipal licença para tratar de interesse particular, sem remuneração, e, antes do término do prazo de sua licença, requereu a interrupção desta, não obtendo resposta da autoridade responsável. 2. Pela leitura da Lei nº 079/1993 do Município de Tururu-CE, o juízo acerca do referido pleito é realizado mediante ato administrativo discricionário, não cabendo, a priori, ao Poder Judiciário intervir no juízo de conveniência e oportunidade da Administração Pública, sob pena de violação ao princípio da Separação de Poderes. 3. Todavia, nos termos do art. 48 da Lei nº 9.8784/99, cuja ratio essendi está consoante o princípio constitucional da eficiência, "A Administração tem o dever de explicitamente emitir decisão nos processos administrativos e sobre solicitações ou reclamações, em matéria de sua competência.". 4. A mora administrativa contraria o princípio da eficiência e do devido processo administrativo, ensejando a responsabilidade civil do ente público. 5. Sentença reexaminada e mantida. ACÓRDÃO: Vistos, relatados e discutidos estes autos, acorda a 3ª Câmara Direito Público do Tribunal de Justiça do Estado do Ceará, por unanimidade, em conhecer da Remessa Necessária, para negar-lhe provimento, nos termos do voto do Relator. Fortaleza, data e hora indicadas pelo sistema. (TJ-CE - Remessa Necessária: 00001557520128060216 CE 0000155-75.2012.8.06.0216, Relator: FRANCISCO DE ASSIS FILGUEIRA MENDES, Data de Julgamento: 09/12/2019, 3ª Câmara Direito Público, Data de Publicação: 10/12/2019).
REMESSA NECESSÁRIA. MANDADO DE SEGURANÇA. RECURSO ADMINISTRATIVO. AUSÊNCIA DE MANIFESTAÇÃO DA AUTORIDADE. SILÊNCIO ADMINISTRATIVO. RECONHECIMENTO. ORDEM MANDAMENTAL PARA DECISÃO. SENTENÇA MANTIDA. 1. Conhece-se de Remessa Necessária quando não interposto recurso voluntário de Sentença a qual concedeu a Ordem em Mandado de Segurança. 2. Remete-se o julgamento da Remessa ao Colegiado quando a matéria não é objeto de Jurisprudência Vinculante deste Tribunal ou dos Tribunais Superiores, nem de matéria

Ante o exposto, a doutrina do silêncio administrativo, limitadora da atividade discricionária do gestor público, auxilia na argumentação em defesa da apreciação substancial por parte da autoridade pública na análise dos argumentos e manifestações deduzidos nos procedimentos de manifestação popular no seio da Administração Pública.

---

já julgada pelo Plenário do Supremo Tribunal Federal, esta última de forma específica. Descabimento da Atuação Monocrática do Relator. 3. Nos termos da Doutrina Brasileira do Direito Administrativo, compartilhado pela Jurisprudência, quando determinados os efeitos do Silêncio da Administração, ocorrido o referido fenômeno jurídico, terá o administrado o pleito tacitamente atendido ou negado. Neste último caso, caberia ao administrado, se o caso, atacar diretamente a nulidade do ato administrativo e o reconhecimento da pretensão redundaria na prolação de Sentença constitutiva/constitutiva negativa. 4. Por outro lado, não prevista na Lei os efeitos da omissão, caberia ao administrado, primeiramente, compelir a autoridade à manifestação, de onde surgiria, em caso de acolhimento, mera Sentença mandamental. 5. Inexistente efeito legal decorrente da omissão e passados mais de 8 (oito) meses sem manifestação administrativa em recurso de natureza simples, reconhece-se a mora da autoridade coatora e o acerto da Sentença em conceder a Ordem, determinando-se a apreciação das razões recursais (Sentença mandamental). 6. Remessa Necessária conhecida e desprovida. (TJ-DF 07082214120198070018 DF 0708221-41.2019.8.07.0018, Relator: EUSTÁQUIO DE CASTRO, Data de Julgamento: 29/01/2020, 8ª Turma Cível, Data de Publicação: Publicado no DJE: 10/02/2020. Pág.: Sem Página Cadastrada.).

CONCLUSÃO

Este estudo foi conduzido com o objetivo de apresentar interpretação, com base em princípios e regras previstas no Direito Positivo Brasileiro, para conferir às audiências e consultas públicas realizadas no âmbito da função administrativa eficácia substantiva em relação à legitimidade democrático-social.

Conquanto os institutos estudados ao longo do desenvolvimento deste estudo tenham um núcleo essencial ao procedimento dos atos de manifestação popular, a Lei n. 9.784/1999 e a Lei de Introdução às Normas de Direito Brasileiro estabeleceram um mínimo procedimental às audiências públicas e consultas públicas, delegando a atividade de condução e fixação de ritos à própria Administração Pública.

Em relação aos objetivos fixados na introdução, coloca-se que a dinâmica imposta à atividade estatal por força do reconhecimento do pluralismo político-social na Constituição da República Federativa do Brasil animou inicialmente a doutrina a revisitar institutos clássicos do Direito Administrativo, notadamente o secular princípio da supremacia do interesse público sobre o interesse particular.

A partir do debate doutrinário exposto na primeira seção deste estudo, percebe-se que ambas as correntes doutrinárias, ou que sustentam a superação do princípio, ou que se posicionam pela releitura, chegam à idêntica conclusão: O Estado Democrático de Direito, vigente por força da Constituição da República de 1988, não comporta um conceito predefinido e apriorístico de interesse público, conceito jurídico indeterminado por excelência.

Ganhou força no plano normativo a superação de utilização de conceitos jurídicos indeterminados como argumento de autoridade, seja no campo administrativo ou no campo do controle da Administração Pública. Isso ocorreu por meio da fixação de normas gerais de interpretação e aplicação dos princípios e das regras de Direito Público, introduzidos pela Lei n. 13.655/2018 no texto da Lei de Introdução às Normas de Direito Brasileiro, em especial o dever de ponderação a ser realizado pela autoridade administrativa no campo decisório, matriz de aplicação de normas jurídicas típica de uma sociedade complexa e plural que compõe a República Federativa do Brasil.

Em relação à primeira seção, cujo norte gira em torno da Administração Pública Consensual e processualização da atividade administrativa, a conclusão extraída aponta no sentido de que a atividade administrativa, executora das políticas públicas traçadas no plano legislativo, não se limita a reproduzir conceitos jurídicos indeterminados como fórmula justificadora da atuação estatal.

A função administrativa, de acordo com o modelo vigente imposto pela Constituição e pela Lei de Introdução às Normas de Direito Brasileiro, executa as políticas públicas por meio de construção racional, circunstanciada e concreta dos conceitos jurídicos indeterminados, por reconhecimento da complexidade e da pluralidade de interesses, muitas vezes antagônicos, da sociedade brasileira que podem ser caracterizados como interesse público, o que torna impossível a adoção apriorística do conceito jurídico altamente abstrato em comento.

Para tanto, foi exposto que a construção da vontade da Administração Pública dá-se por meio do processo administrativo, arena adequada a permitir o debate entre o ponto de vista do Estado e o do administrado, por meio dos instrumentos que auxiliam na formação do consenso administrativo.

Em se tratando de processo administrativo que versa sobre matéria de cunho transindividual, concluiu-se como marco de abertura democrática na função administrativa, na construção e na interpretação do conceito de interesse público da coletividade, a inserção no ordenamento jurídico das audiências públicas e das consultas públicas, institutos de democracia participativa previstos no ordenamento jurídico brasileiro.

A segunda seção deste estudo avançou na finalidade do instituto e na problematização relativa às regras procedimentais das audiências públicas e das consultas públicas, notadamente em relação às restrições naturais dos atos que possam acarretar déficits democráticos das manifestações populares.

CONCLUSÃO | 127

Em ambas as modalidades de participação popular, há disposição em sentido comum de que, antes da participação efetiva, é necessário conferir acesso aos interessados no ato aos autos do processo administrativo ou à minuta de ato normativo postos à apreciação popular. Além desse pressuposto, impõe a fixação de prazo razoável entre a data da decisão convocadora da participação popular e a sessão de audiência pública ou fim do recebimento das manifestações físicas ou eletrônicas em sede de consulta pública.

Constatou-se, por meio de estudo jurisprudencial, que a fixação de prazo exíguo para a coleta de manifestações em consulta pública ou a brevidade entre a data de convocação e a realização da sessão de audiência pública é causa que macula diretamente a participação democrática na função administrativa, transformando o ato em mera formalidade sem substância.

No tocante às consultas públicas, considerando a singeleza procedimental demonstrada no curso do estudo, uma vez que a manifestação popular se encerra com o envio da alegação firmada em suporte à Administração Pública, a grande preocupação é com a possibilidade de acesso às consultas públicas em meio eletrônico, em virtude da desigualdade social ainda presente do Brasil, que deságua para a desigualdade digital. Nesta oportunidade, concluímos que, para ampliar o direito à participação popular em termos materiais, é oportuna a escolha pela autoridade decisora de realização de consulta pública em plataforma híbrida, permitindo o recebimento das alegações por meio eletrônico ou por meio físico, na sede do órgão ou de entidade que a autoridade está vinculada.

Ainda no tocante às consultas públicas, concluiu-se que, inobstante a Lei do Processo Administrativo Federal referir-se à opinião popular ser emitida por meio de alegação escrita, a Administração Pública, no instrumento convocatório, pode permitir a aceitação da alegação gravada em outros suportes, notadamente mídias audiovisuais, em homenagem à acessibilidade das pessoas com deficiência.

No que tange ao procedimento das audiências públicas, por se tratar de ato realizado em sessão física, ou por meio eletrônico, a limitação procedimental decorre da própria natureza do ato, que necessita ser delimitado pela baliza da eficiência e legitimidade.

Concluiu-se, com base na doutrina, que as limitações naturais das sessões de audiência pública devem resguardar a finalidade essencial do ato prevista na Lei n. 9.784/1999: a promoção de debates no seio da Administração Pública, sendo certo que mesmo a comezinha interpretação gramatical permite a conclusão de que eventual restrição no direito de manifestação ou participação permite inferir a manutenção da troca de opiniões antagônicas, afinal, esta é a expressão do conceito de debate.

As limitações procedimentais em sede de audiência pública deverão resguardar o contraditório material e o pluralismo das manifestações proferidas nas sessões, cabendo à Administração Pública zelar pela observância desses valores, com a adoção de providências concretas, no campo regulamentar do *iter* procedimental e na previsão de disposições no instrumento convocatório que, ainda que restrinjam os participantes com direito à voz nas sessões, garantam a diversidade de opiniões populares e permitam a tomada da decisão administrativa com base em pontos de vista diversos e contrastantes, para que haja ganho qualitativo na atuação da função administrativa em termos democráticos.

Em relação ao número necessário de sessões para debater a matéria objeto de audiência pública, constatou-se, com base na jurisprudência do STJ, que, inobstante seja conferida discricionariedade ao gestor público para fracionar as sessões de audiência pública, essa discricionariedade é passível de controle pelo Poder Judiciário, notadamente quando o número diminuto de sessões for desproporcional em relação à complexidade da matéria, controle esse fundado no postulado da proporcionalidade e no direito fundamental à boa Administração Pública.

Na terceira seção do desenvolvimento deste estudo, pode-se concluir que inexiste vinculação da autoridade administrativa decisora aos termos das manifestações populares colhidas em consultas públicas e audiências públicas. Essa afirmação deriva da própria natureza instrutória do ato.

Todavia, ficou assentado que essa constatação não confere liberdade ao gestor público para ignorar a opinião popular, impondo à autoridade ônus argumentativo maior, específico, concreto e racional ao rejeitar as alegações da sociedade civil, sob pena de transformar os mecanismos de participação popular em letra morta e verdadeiros "elefantes brancos" democratas no seio da função administrativa.

Assim, para obrigar a autoridade pública que se omitiu em pronunciar-se a respeito de manifestação proferida em audiência pública ou consulta pública, ou porque a decisão administrativa tem motivação deficiente, conclui-se que há o direito subjetivo do participante dos atos populares em provocar os órgãos de controle, interno e externo,

CONCLUSÃO | 129

em especial o Poder Judiciário, para compelir o pronunciamento específico, concreto e racional, ainda que seja divergente, aos termos da manifestação proferida em atos de participação popular, com fundamento na teoria do silêncio administrativo e no direito fundamental à boa Administração Pública.

Por derradeiro, firmam-se as seguintes conclusões gerais a respeito deste estudo: 1) a decisão administrativa que ignorar os termos das manifestações proferidas nas audiências públicas e nas consultas públicas e as regras infralegais de procedimento que reduzam substancialmente a participação democrática no seio da Administração Pública são hipóteses de invalidação do ato administrativo, configurando-se atos inconvalidáveis[268] pela própria Administração Pública ou pelos órgãos de controle, haja vista atingir diretamente o núcleo duro do direito fundamental à participação democrática, acarretando lesão direta ao interesse público primário de se oportunizar à sociedade influir na formação da vontade administrativa; e 2) a responsabilidade maior em conferir eficácia e legitimidade democrática, na acepção material, às audiências públicas e às consultas públicas é atribuição da própria Administração Pública, tendo em vista que, conforme já se expôs, a legislação fixa regras mínimas de procedimento, relacionadas a prazo de convocação e de recebimento das manifestações, ficando a cargo do poder regulamentar-normativo da função administrativa estabelecer as regras que permitam abertura democrática material nas manifestações populares, com observância direta ao princípio do contraditório material, do direito fundamental à participação nas decisões estatais e no direito fundamental à boa Administração Pública.

---

[268] Acerca da definição de atos inconvalidáveis, Weida Zancaner ensina: "São inconvalidáveis, porque não podem ser reproduzidos validamente, na atualidade, os atos que portam os seguintes vícios: (a) de motivo; (b) de conteúdo; (c) de procedimento, quando a produção do ato faltante ou irregular desvirtuar a finalidade em razão da qual foi o procedimento instaurado; (d) de causa; (e) finalidade." ZANCANER, Weida. *Da Convalidação e da Invalidação dos Atos Administrativos*. 3. ed. São Paulo: Malheiros, 2008. p. 92.

REFERÊNCIAS

ALEXY, Robert. On The Concept and The Nature of Law. *Ratio Juris*, v. 21, n. 3, September, 2008.

ALEXY, Robert. *Conceito e validade do direito*. São Paulo: Martins Fontes, 2009.

ALEXY, Robert. *Teoria dos Direitos Fundamentais*. 2. ed. São Paulo: Malheiros, 2015.

ALEXY, Robert. *Una defensa de la fórmula de Radbruch*. Anuário de la Faculdade de Derecho da Universidade da Coruña, 2001.

AMAZONAS. *Lei n. 2.794, de 06 de Maio de 2003*. Regula o processo administrativo no âmbito da Administração Pública Estadual. Manaus, 2003. Disponível em: https://sapl. al.am.leg.br/media/sapl/public/normajuridica/2003/7249/7249_texto_integral.pdf. Acesso em: 18 ago. 2019.

ANDRADE, Érica Patrícia Moreira de Freitas. Fundamentos para o controle do mérito do ato administrativo pelo Judiciário: os atos discricionários e os conceitos jurídicos indeterminados. *In*: FARIA, Edimur Ferreira de (Coord.). *Controle da Administração Pública Direta e Indireta e das Concessões*. Belo Horizonte: Fórum, 2018.

ARAGÃO, Alexandre dos Santos. *Alterações na LINDB modernizam relações dos cidadãos com os particulares*. Disponível em: https://www.conjur.com.br/2018-abr-13/alexandre-aragao-alteracoes-lindb-modernizam-relacoes-estado. Acesso em: 10 jan. 2019.

ÁVILA, Humberto. Repensando o "Princípio da Supremacia do Interesse Público sobre o Particular". *Revista Eletrônica sobre a Reforma do Estado (RERE)*, Salvador, Instituto Brasileiro de Direito Público, n. 11, setembro/outubro/novembro de 2007. Disponível em: http://www.direitodoestado.com.br/rere.asp. Acesso em: 10 jan. 2019.

ÁVILA, Humberto. *Teoria dos Princípios*. 12. ed. ampl. São Paulo: Malheiros, 2011.

BANDEIRA DE MELLO, Celso Antônio. *Curso de Direito Administrativo*. 27. ed. rev. atual. São Paulo: Malheiros, 2010.

BANDEIRA DE MELLO, Celso Antônio. *Discricionariedade Administrativa e Controle Jurisdicional*. 2. ed. São Paulo: Malheiros, 2012.

BAPTISTA, Patrícia. *Transformações do Direito Administrativo*. Rio de Janeiro: Renovar, 2003.

BARROSO, Luís Roberto. A constitucionalização do direito e suas repercussões no âmbito administrativo. *In*: ARAGÃO, Alexandre dos Santos *et al*. (Coord.). *Direito Administrativo e seus novos paradigmas*. Belo Horizonte: Fórum, 2012.

BEÇAK, Rubens. *Democracia*: hegemonia e aperfeiçoamento. São Paulo: Saraiva, 2014.

BEÇAK, Rubens; LONGH, João Victor Rozatti. A democracia participativa e sua realização: perspectiva histórica e prospecção futura: o marco civil para regulamentação da internet no Brasil. *Revista da Faculdade de Direito*, Universidade de São Paulo, São Paulo, v. 105, p. 185-210, jan. 2010. Disponível em: https://www.revistas.usp.br/rfdusp/article/view/67898. Acesso em: 13 ago. 2017.

BIELSCHOWSKY, Raoni Macedo. *Democracia Constitucional*. São Paulo: Saraiva, 2013.

BIM, Eduardo Fortunato. *Audiências públicas*. 6. ed. São Paulo: Revista dos Tribunais, 2014.

BINENBOJM, Gustavo. *Uma teoria do direito administrativo*: Direitos Fundamentais, Democracia e Constitucionalização. 2. ed. rev. atual. Rio de Janeiro: Renovar, 2008.

BOBBIO, Norberto. *Qual democracia?* São Paulo: Loyola, 2014.

BOBBIO, Norberto. *Jusnaturalismo e positivismo jurídico*. São Paulo: UNESP, 2016.

BOBBIO, Norberto. *Estado, governo, sociedade*. Fragmentos de um dicionário político. São Paulo: Paz & Terra, 2017.

BONAVIDES, Paulo. *Teoria constitucional da democracia participativa*. São Paulo: Malheiros, 2001.

BONAVIDES, Paulo. *Teoria geral do estado*. 11. ed. rev. atual. e ampl. São Paulo: Malheiros, 2018.

BRASIL. CONSELHO NACIONAL DO MEIO AMBIENTE. *Resolução nº 9, de 3 de Dezembro de 1987*. Dispõe sobre a realização de Audiências Públicas no processo de licenciamento ambiental. Brasília, 1987. Disponível em: http://www2.mma.gov.br/port/conama/legiabre.cfm?codlegi=60. Acesso em: 18 ago. 2019.

BRASIL. *Constituição da República Federativa do Brasil*, de 5 de outubro de 1988. Brasília, 1988. Disponível em: http://www.planalto.gov.br/ccivil_03/constituicao/constituicao.htm. Acesso em: 18 ago. 2019.

REFERÊNCIAS | 133

BRASIL. *Decreto n. 9.830, de 10 de Junho de 2019*. Regulamenta o disposto nos art. 20 ao art. 30 do Decreto-Lei nº 4.657, de 4 de setembro de 1942, que institui a Lei de Introdução às normas do Direito brasileiro. Brasília, 2018. Disponível em: http://www.planalto.gov. br/ccivil_03/_Ato2019-2022/2019/Decreto/D9830.htm. Acesso em: 18 ago. 2019.

BRASIL. *Decreto-Lei n. 4.657, de 4 de Setembro de 1942*. Lei de Introdução às Normas do Direito Brasileiro. Brasília, 1942. Disponível em: http://www.planalto.gov.br/ccivil_03/ decreto-lei/del4657compilado.htm. Acesso em: 18 ago. 2019.

BRASIL. *Lei n. 13.655, de 25 de Abril de 2018*. Inclui no Decreto-Lei nº 4.657, de 4 de setembro de 1942 (Lei de Introdução às Normas do Direito Brasileiro), disposições sobre segurança jurídica e eficiência na criação e na aplicação do direito público. Brasília, 2018. Disponível em: http://www.planalto.gov.br/ccivil_03/_ato2015-2018/2018/lei/L13655.htm. Acesso em: 18 ago. 2019.

BRASIL. *Lei n. 8.666/93, de 25 de Abril de 2018*. Regulamenta o art. 37, inciso XXI, da Constituição Federal, institui normas para licitações e contratos da Administração Pública e dá outras providências. Brasília, 1993. Disponível em: http://www.planalto.gov.br/ ccivil_03/leis/l8666cons.htm. Acesso em: 18 ago. 2019.

BRASIL. *Lei n. 9.784/99, de 29 de Janeiro de 1999*. Regula o processo administrativo no âmbito da Administração Pública Federal. Brasília, 1999. Disponível em: http://www. planalto.gov.br/ccivil_03/leis/l9784.htm. Acesso em: 18 ago. 2019.

BRASIL. *Lei n. 9.985, de 18 de Julho de 2000*. Regulamenta o art. 225, § 1o, incisos I, II, III e VII da Constituição Federal, institui o Sistema Nacional de Unidades de Conservação da Natureza e dá outras providências. Brasília, 2000. Disponível em: http://www.planalto. gov.br/ccivil_03/leis/l9985.htm. Acesso em: 18 ago. 2019.

BRASIL. *Lei n. 9472/97, de 29 de Janeiro de 1999*. Dispõe sobre a organização dos serviços de telecomunicações, a criação e funcionamento de um órgão regulador e outros aspectos institucionais, nos termos da Emenda Constitucional nº 8, de 1995. Brasília, 1997. Disponível em: http://www.planalto.gov.br/ccivil_03/leis/l9472.htm. Acesso em: 18 ago. 2019.

BRASIL. *Lei n. 14.133/21, de 1ª de Abril de 2021*. Lei de Licitações e Contratos Administrativos. Brasília, 2021. Disponível em: http://www.planalto.gov.br/ccivil_03/ leis/l8666cons.htm. Acesso em: 2 jun. 2023.

BRASIL. Superior Tribunal de Justiça. Corte Especial, *AgRg na SLS 1.552/BA*, Rel. Min. Ari Pargendler, julg. 16/05/2010.

BRASIL. Superior Tribunal de Justiça. Primeira Turma, *RMS 29.036/ES*, Rel. Min. Benedito Gonçalves, julg. 03/03/2011.

BRASIL. Tribunal de Justiça do Distrito Federal e Territórios. 8ª Turma Cível, *Remessa Necessária: 07082214120198070018 DF*, Rel. Desembargador Eustáquio de Castro, julg. 29/01/2020.

BRASIL. Tribunal de Justiça do Estado de São Paulo. 4ª Câmara de Direito Público, *AI: 22570409220188260000SC*, Rel. Desembargador Luis Fernando Camargo de Barros Vidal, julg. 25/03/2019.

BRASIL. Tribunal de Justiça do Estado do Ceará. 3ª Câmara de Direito Público, *Remessa Necessária: 00001557520128060216 CE*, Rel. Desembargador Francisco de Assis Filgueiras Mendes, julg. 09/12/2019.

BRASIL. Tribunal de Justiça do Estado do Rio de Janeiro. 9ª Câmara Cível, *AI: 00413627920208190000*, Rel. Desembargadora Daniela Brandão Ferreira, julg. 27/07/2020.

BRASIL. Tribunal Regional Federal da 3ª Região. 3ª Turma, *APELREEX: 00084058220134036100 SP*, Rel. Desembargador Federal Nery Júnior, julg. 21/06/2017.

BRASIL. Tribunal Regional Federal da 4ª Região. 3ª Turma, *AG: 71572620104040000 SC*, Rel. Desembargador Federal João Pedro Gebran Neto, julg. 13/10/2010.

BRASIL. Tribunal Regional Federal da 4ª Região. 4ª Turma, *AG: 64246020104040000 PR*, Rel. Desembargador Federal Jorge Antônio Maurique, julg. 08/09/2010.

CABRAL, Antonio do Passo. Os efeitos processuais da audiência pública. *In: Boletim Científico da Escola Superior do Ministério Público da União*, n. 24 e n. 25- Julho/Dezembro de 2007. Disponível em: http://boletimcientifico.escola.mpu.mp.br/boletins/boletim-cientifico-n.-24-e-n.-25-julho-dezembro-de-2007-1/os-efeitos-processuais-da-audiencia-publica. Acesso em: 13 jun. 2020.

CANOTILHO, José Joaquim Gomes. *Direito Constitucional*. 6. ed. rev. Coimbra: Almedina, 1993.

CARVALHO FILHO, José dos Santos. *Processo Administrativo Federal*: Comentários à Lei n. 9.784/99. 5. ed. rev. e atual. São Paulo: Atlas, 2013.

CARVALHO FILHO, José dos Santos. *Manual de Direito Administrativo*. 31. ed. rev. atual. e ampl. São Paulo: Atlas, 2017.

CASARA, Rubens R. R. *Estado Pós Democrático*: Neo-Obscurantismo e Gestão dos Indesejáveis. Rio de Janeiro: Civilização Brasileira, 2017.

CLÈVE, Clèmerson Merlin. O cidadão, a administração pública e a nova Constituição. *Revista de Informação Legislativa*, Brasília, a. 27, n. 106, abr.-jun. 1990.

REFERÊNCIAS | 135

DALLARI, Dalmo de Abreu. *Elementos de Teoria Geral do Estado*. 33. ed. São Paulo: Saraiva, 2016.

DI PIETRO, Maria Sylvia Zanella. O Princípio da Supremacia do Interesse Público: Sobrevivência diante dos ideais do Neoliberalismo. *In*: DI PIETRO, Maria Sylvia Zanella *et al*. (Coord.). *Supremacia do Interesse Público e outros temas relevantes do Direito Administrativo*. São Paulo: Atlas, 2010.

DINAMARCO, Cândido Rangel; LOPES, Bruno Vasconcelos Carrilho. *Teoria Geral do Novo Processo Civil*. 2. ed. rev. atual. São Paulo: Malheiros, 2017.

DUGUIT, Léon. *Fundamentos do Direito*. 3. ed. São Paulo: Martin Claret, 2009.

ENTERRÍA, Eduardo Garcia de. *Curso de Direito Administrativo*. São Paulo: Revista dos Tribunais, 1990.

FARIA, Edimur Ferreira de. *Controle do Mérito do Ato Administrativo pelo Judiciário*. Belo Horizonte: Fórum, 2016.

FERRAZ JÚNIOR, Tércio Sampaio. Sigilo de dados: o direito à privacidade e os limites à função fiscalizadora do Estado. *Revista da Faculdade de Direito*, Universidade de São Paulo, São Paulo, v. 88, p. 439-459, jan. 1993. Disponível em: https://www.revistas.usp.br/rfdusp/article/view/67231/69841. Acesso em: 13 ago. 2017.

FERRAZ, Sérgio; DALLARI, Adilson Abreu. *Processo Administrativo*. 3. ed. rev. e ampl. São Paulo: Malheiros, 2012.

FIGUEIREDO, Lucia Valle. Instrumentos da Administração Consensual. A audiência pública e sua finalidade. *Revista de Direito Administrativo*, v. 230, 2002. Disponível em: http://bibliotecadigital.fgv.br/ojs/index.php/rda/article/view/46344/45115. Acesso em: 24 jun. 2020.

FREITAS, Juarez. *Discricionariedade Administrativa e o Direito Fundamental à Boa Administração Pública*. São Paulo: Malheiros, 2007.

FREITAS, Juarez. *O controle dos atos administrativos e os princípios fundamentais*. 5. ed. rev. e ampl. São Paulo: Malheiros, 2013.

FREITAS, Juarez. *Direito Fundamental à Boa Administração Pública*. 3. ed. São Paulo: Malheiros, 2014.

FURTADO, Lucas Rocha. *Curso de Direito Administrativo*. 4. ed. rev. e atual. Belo Horizonte: Fórum, 2013.

GABARDO, Emerson *et al*. O Suposto Caráter Autoritário da Supremacia do Interesse Público e das Origens do Direito Administrativo: Uma Crítica da Crítica. *In*: DI PIETRO, Maria Sylvia Zanella *et al*. (Coord.). *Supremacia do Interesse Público e outros temas relevantes do Direito Administrativo*. São Paulo: Atlas, 2010.

GORDILLO, Agustín Alberto. *Tratado de derecho administrativo y obras selectas*: teoría general del derecho administrativo. Buenos Aires: Fundación de Derecho Administrativo, 2013.

GORDILLO, Agustín Alberto. *Tratado de derecho administrativo y obras selectas* – Tomo 2, La defensa del usuário y del administrado. Buenos Aires: Fundación de Derecho Administrativo, 2014.

GRAU, Eros Roberto. *O Direito Posto e o Direito Pressuposto*. 9. ed. rev. e ampl. São Paulo: Malheiros, 2014.

GROSSI, Márcia Goretti Ribeiro *et al*. A Exclusão Digital: O Reflexo da Desigualdade Social no Brasil. *In*: *Nuances*: Estudos sobre a Educação, v. 24, p. 68/85, Maio/Ago, 2013. Disponível em: https://revista.fct.unesp.br/index.php/Nuances/article/view/2480. Acesso em: 24 jun. 2020.

HÄBERLE, Peter. *Hermenêutica Constitucional*. Porto Alegre: Sergio Antonio Fabris, 1997.

HEINEN, Juliano. *Comentários à Lei de Acesso à Informação*. 2. ed. rev. e atual. Belo Horizonte: Fórum, 2015.

HESSE, Konrad. *A Força Normativa da Constituição*. Porto Alegre: Sergio Antonio Fabris, 1991.

JUSTEN FILHO, Marçal. O Direito Administrativo de espetáculo. *In*: ARAGÃO, Alexandre dos Santos de; MARQUES NETO, Floriano de Azevedo (Coord.). *Direito Administrativo e seus novos paradigmas*. Belo Horizonte: Fórum, 2012.

KELSEN, Hans. *Teoria Pura do Direito*. 6. ed. São Paulo: Martins Fontes, 1998.

KELSEN, Hans. *A Democracia*. 6. ed. São Paulo: Martins Fontes, 2000.

KELSEN, Hans. *O que é Justiça?* 3. ed. São Paulo: Martins Fontes, 2001.

MARQUES, Rita de Cássia. Políticas Públicas de Saúde e Ato Discricionário: Os Limites do Controle Judicial. *In*: FARIA, Edimur Ferreira de (Coord.). *Controle da Administração Pública Direta e Indireta e das Concessões*. Belo Horizonte: Fórum, 2018.

MARRARA, Thiago. Da instrução. *In*: NOHARA, Irene Patrícia; MARRARA, Thiago. *Processo Administrativo*: Lei n. 9.784/1999 Comentada. São Paulo: Atlas, 2009.

REFERÊNCIAS | 137

MARRARA, Thiago. Princípios do processo administrativo. *Revista da Faculdade de Direito,* Universidade de São Paulo, São Paulo, v. 7, n. 1, p. 85-116. Disponível em: https://doi. org/10.11606/issn.2319-0558.v7i1p85;116. Acesso em: 5 jun. 2020.

MARTINS, Ricardo Marcondes. Teoria (neo)constitucional do ato administrativo. *In*: DI PIETRO, Maria Sylvia Zanella; MOTTA, Fabrício (Coord.). *O Direito Administrativo nos 30 anos da Constituição.* Belo Horizonte: Fórum, 2018.

MAXIMILIANO, Carlos. *Hermenêutica e Aplicação do Direito.* 21. ed. Rio de Janeiro: Forense, 2017.

MEDAUAR, Odete. *Direito Administrativo Moderno.* 21. ed. rev. atual. e ampl. Belo Horizonte: Fórum, 2018.

MEIRELLES, Hely Lopes. *Direito Administrativo Brasileiro.* 10. ed. São Paulo: Revista dos Tribunais, 1984.

MENDES, Gilmar Ferreira; BRANCO, Paulo Gustavo Gonet. *Curso de Direito Constitucional.* 10. ed. São Paulo: Saraiva, 2015.

MENEZES, Aderson de. *Teoria Geral do Estado.* 8.ed. Rio de Janeiro: Forense, 2009.

MENEZES, Vitor Hugo Mota de. *Direito à Saúde e Reserva do Possível.* Curitiba: Juruá, 2015.

MIRANDA, Jorge. *Teoria do Estado e da Constituição.* 4. ed. rev. atual. e ampl. Rio de Janeiro: Forense, 2015.

MOREIRA NETO, Diogo de Figueiredo. *Direito da participação política legislativa, administrativa, judicial:* fundamentos e técnicas constitucionais da democracia. Rio de Janeiro: Renovar, 1992.

MOREIRA NETO, Diogo de Figueiredo. *Quatro Paradigmas do Direito Administrativo Pós-Moderno.* Belo Horizonte: Fórum, 2008.

MOREIRA NETO, Diogo de Figueiredo. Déficit Democrático do Estado Brasileiro (Legislativo e Administrativo). *In*: FREITAS, Daniela Bandeira *et al*. *Direito Administrativo e Democracia Econômica.* Belo Horizonte: Fórum, 2012.

MOREIRA NETO, Diogo de Figueiredo. *Novas Mutações Juspolíticas:* em memória de Eduardo Garcia Enterría, jurista de dois mundos. Belo Horizonte: Fórum, 2016.

MOREIRA NETO, Diogo de Figueiredo. *O Direito Administrativo no Século XXI.* Belo Horizonte: Fórum, 2018.

OLIVEIRA, Carlos Alberto Álvaro de. Comentários ao art. 5º, LV. *In*: CANOTILHO, J. J. Gomes *et al.* (Coord.). *Comentários à Constituição do Brasil*. São Paulo: Saraiva/Almedina, 2013.

OLIVEIRA, Gustavo Justino de. Comentários ao art. 29 da LINDB. *In*: CUNHA FILHO, Alexandre Jorge Carneiro; ISSA, Rafael Hamze; SCHWIND, Rafael Wallbach (Coord.). *Lei de Introdução às Normas do Direito Brasileiro - Anotada*. São Paulo: Quartier Latin, 2018.

OLIVEIRA, Gustavo Justino de. *Direito Administrativo Democrático*. Belo Horizonte: Fórum, 2010.

OLIVEIRA, Gustavo Justino de. Hiperativismo do controle versus inércia administrativa. *Opinião & Análise*. 18 de abril de 2018. Disponível em: https://edisciplinas.usp.br/pluginfile. php/4361985/mod_resource/content/0/OLIVEIRA%2C%20Gustavo%20Justino%20de.%20 Hiperativismo%20do%20controle%20versus%20in%C3%A9rcia%20administrativa..pdf. Acesso em: 8 mar. 2020.

OLIVEIRA, Marcelo Andrade Cattoni. Comentários ao art. 1º, parágrafo único. *In*: CANOTILHO, J. J. Gomes *et al.* (Coord.). *Comentários à Constituição do Brasil*. São Paulo: Saraiva/Almedina, 2013.

OLIVEIRA, Rafael Rezende Carvalho. *Curso de Direito Administrativo*. 3. ed. São Paulo: Método, 2015.

OTERO, Paulo. *Direito do Procedimento Administrativo*. Volume I. Coimbra: Almedina, 2016.

RADBRUCH, Gustav. *Five Minutes of Legal Philosophy*. Disponível em: https://academic. oup.com/ojls/article-abstract/26/1/13/1505666?redirectedFrom=fulltext. Acesso em: 6 jan. 2018.

RIBEIRO, Carlos Vinicius Alves. Interesse Público: um conceito jurídico determinável. *In*: DI PIETRO, Maria Sylvia Zanella *et al.* (Coord.). *Supremacia do Interesse Público e outros temas relevantes do Direito Administrativo*. São Paulo: Atlas, 2010.

RIO DE JANEIRO. *Lei n. 5.427, de 01 de Abril de 2009*. Estabelece normas sobre atos e processos administrativos no âmbito do Estado do Rio de Janeiro e dá outras providências. Rio de Janeiro, 2009. Disponível em: http://alerjln1.alerj.rj.gov.br/contlei. nsf/e9589b9aabd9cac8032564fe0065abb4/ef664a70abc57d3f8325758b006d6733?OpenDo cument. Acesso em: 18 ago. 2019.

RODRIGUES JUNIOR, Otavio Luiz. *A fórmula de Radbruch e o risco do subjetivismo*. 2012. Disponível em: https://www.conjur.com.br/2012-jul-11/direito-comparado-formula-radbruch-risco-subjetivismo. Acesso em: 3 set. 2018.

SAAD, Amauri Feres. *Regime Jurídico das Políticas Públicas*. São Paulo: Malheiros, 2016.

SALGADO, Eneida Desiree. *Lei de Acesso à Informação*: Comentários à Lei n. 12.527/2011 e ao Decreto 7,724/2012. São Paulo: Atlas, 2015.

REFERÊNCIAS | 139

SÃO PAULO. *Lei n. 10.177, de 30 de Dezembro de 1998*. Regula o processo administrativo no âmbito da Administração Pública Estadual. São Paulo, 1998. Disponível em: https://www.al.sp.gov.br/repositorio/legislacao/lei/1998/lei-10177-30.12.1998.html. Acesso em: 18 ago. 2019.

SARLET, Ingo Wolfgang; MARINONI, Luiz Guilherme; MITDIERO, Daniel. *Curso de Direito Constitucional*. São Paulo: Revista dos Tribunais, 2012.

SCAFF, Fernando Facury. *Quem controla o controlador? Considerações sobre as alterações na Lindb*. Disponível em: https://www.conjur.com.br/2018-abr-17/quem-controla-controlador-notas-alteracoes-lindb. Acesso em: 10 jan. 2019.

SILVA, Vasco Manuel Pascoal Dias Pereira da. *Em Busca do Acto Administrativo Perdido*. Coimbra: Almedina, 2016.

SUNDFELD, Carlos Ari. *Fundamentos de Direito Público*. 5. ed. São Paulo: Malheiros, 2017.

TAVARES, André Ramos. Comentários ao art. 5º, XXXIII. *In*: CANOTILHO, J. J. Gomes *et al*. (Coord.). *Comentários à Constituição do Brasil*. São Paulo: Saraiva/Almedina, 2013.

TELLES JUNIOR, Goffredo. *O Povo e o Poder*. 3. ed. São Paulo: Saraiva, 2014.

VAN CAENEGEM, R. C. *Uma Introdução Histórica ao Direito Constitucional Ocidental*. Lisboa: Fundação Calouste Gulbenkian, 2009.

ZANCANER, Weida. *Da Convalidação e da Invalidação dos Atos Administrativos*. 3. ed. São Paulo: Malheiros, 2008.

Esta obra foi composta em fonte Palatino Linotype, corpo 10
e impressa em papel Avena 70g (miolo) e Supremo 250g (capa)
pela Gráfica Star 7.